La revolución negra

historias DESDE abajo

Los monopolios mediáticos de la (in)comunicación recrean día a día la hegemonía de la historia oficial. Hartos de esos discursos globalizados y apologéticos, necesitamos nadar contra la corriente y recuperar la tradición revolucionaria. ¡Basta ya de aplaudir a los vencedores! ¡Basta ya de legitimar lo injustificable! Frente a la historia oficial de las clases dominantes, oponemos una historia radical y desde abajo, una historia desde el ángulo de los masacrados, humillados y desaparecidos.

En cada acontecimiento de la historia contemporánea se esconden la guerra de clases, la lucha entre la dominación y la rebelión; entre el poder, la resistencia y la revolución. Cada documento de cultura es un documento de barbarie. Debajo de la superficie laten y palpitan las rebeldías de los pueblos sometidos, la voz insurrecta de las clases subalternas, los gritos de guerra de los explotados y los condenados de la tierra.

Esta colección de autores jóvenes para un público también joven, pensada para las nuevas generaciones de militantes y activistas, se propone reconstruir esas luchas pasándole a la historia el cepillo a contrapelo. La contrahegemonía es la gran tarea del siglo XXI.

COORDINADOR DE LA COLECCIÓN: NÉSTOR KOHAN

La revolución negra

La rebelión de los esclavos en Haití: 1791–1804

María Isabel Grau

ocean
sur

una editorial latinoamericana

ISBN: 978-1-921438-34-9
Library of Congress Control Number: 2009929291

Primera edición 2009
Impreso en México por Quebecor World, S.A., Querétaro

PUBLICADO POR OCEAN SUR

OCEAN SUR ES UN PROYECTO DE OCEAN PRESS

México: Juan de la Barrera N. 9, Col. Condesa, Del. Cuauhtémoc, CP 06140, México, D.F.
E-mail: mexico@oceansur.com ▪ Tel: (52) 5553 5512
EE.UU.:   E-mail: info@oceansur.com
Cuba: E-mail: lahabana@oceansur.com
El Salvador: E-mail: elsalvador@oceansur.com
Venezuela: E-mail: venezuela@oceansur.com

DISTRIBUIDORES DE OCEAN SUR

Argentina: Cartago Ediciones, S.A. ▪ Tel: 011 4304 8961 ▪ E-mail: info@cartago-ediciones.com.ar
Australia: Ocean Press ▪ Tel: (03) 9326 4280 ▪ E-mail: info@oceanbooks.com.au
Bolivia: Ocean Sur Bolivia ▪ E-mail: bolivia@oceansur.com
Chile: Editorial La Vida es Hoy ▪ Tel: 2221612 ▪ E-mail: lavidaeshoy.chile@gmail.com
Colombia: Ediciones Izquierda Viva ▪ Tel/Fax: 2855586 ▪ E-mail: ediciones@izquierdaviva.com
Cuba: Ocean Sur ▪ E-mail: lahabana@oceansur.com
Ecuador: Libri Mundi, S.A. ▪ Tel: 593-2 224 2696 ▪ E-mail: ext_comercio@librimundi.com
EE.UU. y Canadá: CBSD ▪ Tel: 1-800-283-3572 ▪ www.cbsd.com
El Salvador y Centroamérica: Editorial Morazán ▪ E-mail: editorialmorazan@hotmail.com
Gran Bretaña y Europa: Turnaround Publisher Services ▪ E-mail: orders@turnaround-uk.com
México: Ocean Sur ▪ Tel: 5553 5512 ▪ E-mail: mexico@oceansur.com
Perú: Ocean Sur Perú ▪ Tel: 330 7122 ▪ E-mail: oceansurperu@gmail.com
Puerto Rico: Libros El Navegante ▪ Tel: 7873427468 ▪ E-mail: libnavegante@yahoo.com
Venezuela: Ocean Sur ▪ E-mail: venezuela@oceansur.com

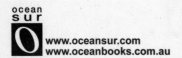

ocean
s u r

www.oceansur.com
www.oceanbooks.com.au

Índice

MARÍA ISABEL GRAU nació en Buenos Aires en 1977. Es profesora de Historia, egresada de la Facultad de Filosofía y Letras de la Universidad de Buenos Aires. Actualmente ejerce como docente en escuelas secundarias y en la universidad.

Introducción

En 1804, el pueblo de una pequeña isla del Caribe, Saint-Domingue, se declaró independiente de Francia y dejó de ser una colonia.

La nueva República de Haití fue la primera nación políticamente independiente de América Latina, constituyendo un antecedente fundamental para las revoluciones que se iniciarían a partir de 1810.

Hoy Haití es el país más pobre del continente. ¿Qué más sabemos de Haití? ¿Por qué no sabemos nada más? ¿Por qué los Estados Unidos encabezan actualmente la ocupación militar de un país aparentemente tan insignificante? ¿Para qué?

La revolución haitiana, 1791-1804, se produjo en un momento histórico en el que se estaban desarrollando importantes cambios a nivel mundial. Tras dos siglos de transición, de la estructura económica de la sociedad feudal estaban surgiendo las relaciones sociales capitalistas que se impondrían como dominantes en todo el mundo.

Dirigida por Toussaint Louverture y Jean-Jacques Dessalines, la revolución de Haití comenzó siendo una rebelión de esclavos que luchaban por su libertad y se transformó en una guerra por la independencia, en la que un ejército popular de ex esclavos negros derrotó al ejército de Napoleón Bonaparte.

Sin embargo, económicamente estrangulada, con disputas internas, cercada y boicoteada por las potencias capitalistas, «la primera república negra» se fue sumergiendo en la miseria, que continúa hasta el día de hoy.

Conocer los acontecimientos de la revolución de los esclavos negros de Haití es indispensable para recuperar la conexión entre la miseria actual y el proceso de expropiación que se desarrolló desde el siglo XV en adelante, destacando la importancia que tuvieron las colonias en el desarrollo del capitalismo y, posteriormente, del imperialismo.

Comprender la historia de esta revolución nos permitirá analizar, en una de sus formas más crudas, cómo la usurpación violenta ha sido y es la fuente de enriquecimiento y de acumulación de las clases dominantes.

A pesar de la ocupación militar de Haití que hoy encabezan los Estados Unidos, miles de trabajadores y campesinos haitianos recuperan y actualizan la lucha de aquellos esclavos. Se plantean ahora, necesariamente, la construcción de nuevas relaciones sociales que permitan una verdadera emancipación.

Conquista
y colonización
de Ayiti

El sistema colonial y la acumulación de capital

La explotación de yacimientos de oro y plata en América, el exterminio, esclavización y sojuzgamiento de la población local en las minas, plantaciones y haciendas, junto con la conquista y saqueo de Asia y África, constituyen los factores fundamentales de la llamada *acumulación originaria* que caracteriza el comienzo del desarrollo del capitalismo.

Esta expropiación, que adopta diversas formas en los distintos países, es la base del proceso histórico de separación de enormes masas de personas de su principal medio de subsistencia y de producción: la tierra. Es este proceso el que explica cómo unos pocos acumularon riquezas y otros muchos terminaron por no tener nada, excepto su capacidad para trabajar.

El robo de tierras, su venta a precios irrisorios o su anexión por usurpación directa a través de enormes matanzas, son el fundamento del dominio colonial en general. El colonialismo francés no es una excepción.

Mientras en Europa miles de productores eran despojados de sus tierras y transformados en asalariados libres, en buena parte de América, tanto los grandes comerciantes como los grandes plantadores se hacían inmensamente ricos con el sistema esclavista de producción. España, Portugal, Holanda, Francia e Inglaterra fundaron el sistema colonial sobre la violencia más brutal.

Las sociedades monopólicas, como la Compañía Holandesa de las Indias Occidentales o la británica Real Compañía de África, constituían importantes fuentes de concentración de capitales. Los tesoros apropiados por el saqueo, la esclavización y las matanzas, iban a Europa y se transformaban allí en capital. Al mismo tiempo, las colonias eran un mercado donde se vendían las nuevas manufacturas europeas.

A través de un estricto control político y militar por parte de los estados metropolitanos se organizó un sistema de explotación de millones de hombres y mujeres.

La colonia francesa de Saint-Domingue llegó a ser la más rica del mundo y el centro comercial más activo de América durante los siglos XVII y XVIII. Al mismo tiempo, en ningún otro lugar se concentraba tanta miseria. El propio desarrollo de este sistema con sus tensiones internas, sus rivalidades y competencia, terminó por abrir una brecha, que generó la posibilidad para el pueblo de luchar contra la dominación colonial y por su emancipación.

La conquista española y el exterminio de la población local

En diciembre de 1492, Cristóbal Colón desembarcó en las costas de la isla llamada Ayiti y decidió instalar allí la primera colonia europea en territorio americano. Según los investigadores, Ayiti significa «país alto», o «tierra montañosa o de altiplano».

Por ese entonces, los habitantes del territorio eran los arawak o arahuacos que habían llegado a la isla desde otras zonas del Caribe y desde Sudamérica. Entre otras cosas, se dedicaban a la alfarería y al intercambio de sus productos con otros pueblos. Existen diferentes estudios que estiman la cantidad de pobladores que tenía la isla a la llegada de los españoles. Fray Bartolomé de las Casas, por ejemplo, calcula que hacia fines del siglo XV los arawak sumaban unos tres millones de habitantes. Otros estudios calculan que la isla era habitada por un millón de personas.

Después de rebautizarla como La Hispaniola, Colón comenzó con el proceso de conquista y colonización tierra adentro, para lo cual era necesario el sometimiento de los nativos, que en un principio habían sido amistosos. Los arawak se rebelaron contra el dominio español, pero todas las revueltas fueron brutalmente reprimidas.

Luego de terribles matanzas, los conquistadores iniciaron el proceso de apropiación de la tierra y su transformación en plantaciones de caña de azúcar. Colón fundó varias ciudades y obligó a lo que quedaba de la población local a trabajar bestialmente en la construcción de edificaciones y fuertes, en la extracción de metales preciosos como el oro y en las plantaciones.

Así, debido sobre todo a las matanzas generalizadas, al sometimiento a trabajos forzados, y también a las enfermedades, los pobladores arawak fueron rápidamente exterminados.

Se calcula que hacia 1510 quedaban aproximadamente cincuenta mil de los habitantes originarios. Menos de treinta años después, solo sobrevivían algunos cientos.

El rápido exterminio de los nativos planteó a los conquistadores españoles el problema del abastecimiento de mano de obra.

Para la producción de toda la riqueza que era apropiada y llevada a España, era necesario mucho trabajo que los conquistadores no estaban dispuestos a realizar.

Por tal motivo, los españoles comenzaron a transportar esclavos africanos a La Hispaniola, luego llamada Santo Domingo. Hacia 1540, ya había unos treinta mil esclavos trabajando en las plantaciones de caña de azúcar.

La conquista francesa

El progreso económico de Europa tenía una importante base en las colonias y es por ello que las diferentes potencias prestaban tanta atención al «nuevo mundo», combatiendo ferozmente por el dominio del territorio americano. América era fuente de inmensas riquezas, entre las que se contaban no solo los metales preciosos sino gran cantidad de materias primas que comenzaban a ser elaboradas en Europa, donde se iba desarrollando la producción manufacturera.

Además, el control del mar Caribe era estratégico geopolíticamente, porque era la puerta de acceso a Centro América y a la costa oeste de América del Sur, donde se encontraban los abundantes yacimientos de oro y plata. Todos los barcos provenientes del continente que se dirigían a España, cargados de metales, pasaban por el mar Caribe.

Por ello, hacia mediados del siglo XVI ya habían comenzado las avanzadas de las principales potencias europeas. Piratas ingleses, franceses y holandeses fueron instalándose en las costas de las islas caribeñas, disputando el territorio a los españoles.

En Jamaica, Barbados y otras islas del Caribe, los británicos, con sus imponentes flotas, aseguraron su poderío militar y estratégico en el Atlántico. De esta forma, la marina inglesa controlaría durante siglos el tráfico comercial entre los continentes. Sin embargo, los franceses comenzaron a competir con los ingleses por ciertas zonas del Caribe.

La famosa isla Tortuga se había constituido como la base de operaciones de los piratas asociados en la Hermandad de la Costa, que saqueaba y atacaba naves repletas de riquezas. Para protegerse de los buques ingleses que patrullaban la zona, algunos de estos saqueadores se habían puesto bajo la protección de la corona francesa, que los utilizaba a su vez para ir ocupando posiciones y se quedaba con una parte del botín.

De esta forma, desde fines del siglo XVII, Francia fue tomando posesión de Martinica, Guadalupe y Santa Lucía y envió sus buques a conquistar la rica isla de Santo Domingo. De esta forma, ayudados por los bucaneros, los franceses se instalaron definitivamente en las costas norte y sur de la antigua Hispaniola.

A fuerza de cañonazos, en 1697, la debilitada corona española se vio obligada a firmar con los franceses el Tratado de Ryswick, cediendo oficialmente a esta nación la parte occidental de la isla. Los españoles dominarían durante un siglo más la región oriental, que seguirían llamando Santo Domingo.

Los colonialistas franceses llamaron Saint-Domingue al territorio conquistado y fundaron en el norte la ciudad de Le Cap-Français,[1] que se transformó en el principal puerto y capital de la colonia.

Deseosos de fortuna, comenzaron a llegar franceses que se dividieron rápidamente las tierras usurpadas y las convirtieron en su propiedad para dedicarlas al cultivo de caña de azúcar. Los nuevos propietarios organizaron la producción en enormes plantaciones. Pero las características del proceso productivo y el tipo de trabajo intensivo hacían necesarias gran cantidad de fuerza de trabajo, que pudieran además ser renovadas masiva y regularmente.

A lo largo del siglo XVII, el cultivo de la caña de azúcar se había propagado, desde Brasil, por las islas del Caribe. Holandeses, ingleses y franceses acabaron compitiendo con Portugal en su producción, que se vendía directamente en los mercados europeos. Al mismo tiempo, las potencias europeas competían por el control del tráfico de esclavos, su principal fuente de mano de obra.

Así empezó la era de la esclavitud azucarera.

---

[1] Después de la independencia adoptó el nombre de Cap Haïtien. (*N. del E.*)

El tráfico de esclavos

En un comienzo, la esclavitud no distinguía colores ya que en distintas épocas fueron tomados como esclavos los asiáticos e incluso los europeos blancos. Sin embargo, a medida que se fue desarrollando el tráfico de esclavos en gran escala, el continente africano pasó a ser el principal «proveedor». Así, las personas de África, que eran negras, pasaron a ser la mercancía más codiciada de los comerciantes europeos.

Los portugueses fueron los iniciadores del tráfico a lo largo de la costa occidental de África y los principales abastecedores durante los siglos XV y XVI. Poco después, la Compañía Holandesa de las Indias Occidentales comenzó a competir y rápidamente dominó el mercado.

En 1644, los franceses también formaron varias compañías para comerciar en el Atlántico sur. Sin embargo, fueron los ingleses, con la Real Compañía de África, quienes llegaron a dominar completamente el tráfico. Con la firma del Tratado de Utrecht, en 1730, Inglaterra consiguió el derecho casi exclusivo de abastecer a las colonias españolas de esclavos africanos. Inglaterra suministraba a la América española un promedio de cuatro mil ochocientos negros por año. También este tráfico le permitía a los ingleses ocultar el contrabando.

Eric Wolf calcula que más de once millones de africanos fueron capturados en sus tierras y trasladados hacinados en barcos negreros a través del Atlántico.

Los europeos financiaron y organizaron todo el comercio, mientras que fueron grupos locales los que se encargaron de la cacería de personas. Reyes africanos organizaban razias entre sus vecinos, a quienes luego cambiaban por armas y otros productos manufacturados. Entre 1750 y 1807, los europeos vendieron un promedio de trescientos cincuenta mil armas por año a los reyes africanos.

Los barcos que traficaban esclavos realizaban entonces lo que se llamó «comercio triangular». En primer lugar, los barcos llegaban a las costas del Golfo de Guinea, donde cambiaban mercancías manufacturadas por personas. Luego, vendían a los africanos en el Caribe y, finalmente, llevaban a Europa el azúcar y el alcohol producido por mano de obra esclava. La mayor parte de estos africanos provenía del área bantú, siendo en su mayoría de origen congo y angola.

Durante la penosa travesía por el Océano Atlántico, muchos de los prisioneros intentaban fugarse, organizaban motines e incluso intentaban suicidarse al arrojarse por la borda de los barcos negreros. Por supuesto, todos estos intentos eran severamente castigados.

En 1730, los comerciantes del puerto de Liverpool, por ejemplo, dedicaban quince barcos a la trata de esclavos. Para 1792, el número de barcos había ascendido a ciento treinta y dos.

El comercio trasatlántico y la esclavitud —sostiene Eric Wolf— constituyeron el elemento dinámico principal en el desarrollo industrial inglés. De esta forma, el rapto y la venta de personas fue una importante fuente de la acumulación de riquezas que impulsó el perfeccionamiento del capitalismo.

En cuanto a Francia, el tráfico de esclavos estuvo, en un principio, en manos de compañías monopolistas creadas por el gobierno francés en la segunda mitad del siglo XVII. Más tarde, quedó en manos de varios comerciantes que, radicados en los puertos más importantes de Francia, fueron acumulando capital. Se desarrolló así, también en ese país, una gran burguesía que basaba su riqueza en el comercio marítimo.

Mientras se enriquecían traficando esclavos, estos comerciantes comenzaron también a financiar buena parte de los intercambios generales de Saint-Domingue. Además, como la economía de las haciendas iba alcanzando proporciones gigantescas, los colonos franceses demandaban cada vez más esclavos. Entre 1784 y 1791, fueron vendidos en Saint Domingue un promedio de treinta mil esclavos por año, casi la mitad de todos los vendidos en el Caribe.

«Acumulación originaria» para el desarrollo industrial francés

El sistema colonial promovió el desarrollo del comercio y la navegación. Desde 1730, los comerciantes franceses comenzaron a fabricar sus propios barcos, creando importantes flotas que transportaban la enorme cantidad de materias primas que se producían en Centro América.

La colonia francesa de Saint-Domingue llegó a ser la principal productora mundial de café, ron, algodón e índigo. Hacia 1754 había quinientos noventa y nueve plantaciones de azúcar y tres mil trescientos setenta y nueve de índigo. En 1767, la colonia exportó treinta y dos mil setecientas toneladas de azúcar en bruto y veintitrés mil doscientas toneladas de azúcar refinado, cuatrocientas cincuenta y cuatro toneladas de índigo, novecientas de algodón y grandes cantidades de cuero, melaza, coco y ron. Hacia 1776, esta colonia generaba más beneficios a Francia que los trece estados norteamericanos en su conjunto a Inglaterra.

A lo largo del siglo XVIII, los plantadores franceses lograron superar la producción total de azúcar de todas las colonias británicas de las Antillas, compitiendo con los ingleses por el mercado europeo. La colonia francesa producía el setenta y cinco por ciento del azúcar mundial a fines de ese siglo.

La producción de las colonias era, como ya dijimos, una de las bases más importantes de la acumulación de riqueza de la burguesía francesa, que a lo largo del siglo XVIII se fue consolidando como la clase económicamente más poderosa de Francia. Nantes, Burdeos y Marsella eran los principales centros de la burguesía marítima y su riqueza dependía de la productividad del trabajo esclavo en Saint-Domingue.

Hacia 1789, los comerciantes de Nantes habían invertido el equivalente a cincuenta millones de francos en las colonias francesas. En Burdeos había dieciséis factorías que refinaban cada año diez mil toneladas de azúcar proveniente de Saint-Domingue y que utilizaban casi cuatro mil toneladas de carbón. Los fabricantes de Burdeos comerciaban con Holanda, Alemania, Portugal, Venecia e Irlanda y el comercio colonial alimentaba esta próspera industria.

Para proteger esta importante fuente de riquezas y evitar cualquier tipo de competencia, el gobierno francés, al igual que el español, impuso el sistema proteccionista a sus colonias. Todo lo producido en Saint-Domingue debía ser vendido exclusivamente a Francia y debía ser trasladado en barcos franceses. Todo producto manufacturado que se necesitara en Saint-Domingue debía ser comprado solo a Francia. El total del azúcar en bruto debía refinarse exclusivamente en Francia. El sistema era tan restringido que incluso los franceses llegaron a prohibir a los colonos que transformaran el cacao en chocolate, cuando todo el chocolate que se tomaban los franceses se hacía con cacao producido en Saint-Domingue.

Se calcula que en 1789 Francia exportaba a las islas alrededor de setenta y ocho millones de libras de harina, carnes saladas, vinos y mercancías varias. Las colonias enviaban a Francia doscientos dieciocho millones de libras de azúcar, de las cuales solo setenta y una eran consumidas allí. El resto era exportada una vez elaborada.

Para ese año, Saint-Domingue recibía mil quinientos ochenta y siete navíos en sus puertos, un número superior al de Marsella.

Debido a todas las ganancias que el comercio colonial le generaba, la burguesía marítima no quería cambio alguno en el sistema proteccionista. El comercio de Francia con esta colonia representaba cerca de dos tercios de su comercio general.

Por otro lado, los colonos de Saint-Domingue comerciaban cada vez más con la parte oriental de la isla. A medida que aumentaba la producción, necesitaban más alimentos para sus esclavos y para los animales de tracción que empujaban las maquinarias de los ingenios. Los franceses vendían manufacturas y otros productos al Santo Domingo español, lo que dio lugar a un fluido intercambio comercial. De esta forma, este incipiente mercado regional fue mellando tanto el monopolio español como el proteccionismo francés.

Estructura económica y social

El azúcar sería demasiado caro si no trabajaran los escla-
vos en su producción. Dichos esclavos son negros desde
los pies hasta la cabeza y tienen la nariz tan aplastada que
es casi imposible tenerles lástima. Resulta impensable que
Dios, que es un ser muy sabio, haya puesto un alma, y so-
bre todo un alma buena, en un cuerpo enteramente negro.

Montesquieu, *El espíritu de las leyes*

Un negro es un negro. Solo en determinadas condiciones
se convierte en esclavo.

Karl Marx, *Trabajo asalariado y capital*

Los propietarios

En 1789, la población blanca constituía tan solo un ocho por ciento del total de habitantes de Saint-Domingue, aproximadamente
treinta mil personas.

Al grupo inicial de conquistadores se fueron añadiendo los jóvenes descendientes de la nobleza francesa, que encontraron en
la colonia la oportunidad de reconstruir sus fortunas y vivir como
magnates rurales. Comenzaron a llegar a la colonia como oficiales del ejército, funcionarios y también como administradores de
justicia.

De esta forma se fue constituyendo el grupo social más poderoso de la colonia: el de los plantadores. Las residencias señoriales estaban rodeadas por enormes campos, en los que además de caña de azúcar se cultivaban plátanos, mangos, naranjos y café. Para llevar agua a sus propiedades y a los trapiches, los colonos hicieron construir acueductos de piedra.

En el centro de las haciendas estaban los grandes caserones de los amos blancos, los corrales para los animales y la capilla.

En las ciudades residían los grandes comerciantes y los prósperos agentes de la burguesía marítima. En Port-au-Prince, por ejemplo, se construyeron imponentes edificios y se prentendía vivir a la manera europea. Había tres compañías de teatro que representaban obras llegadas de París. También florecían los teatros en Le Cap-Français, ciudad a la que llamaban «El París de las Antillas». Allí había también, igual que en París, una cantidad importante de hoteles y cabarets, en donde trabajaban sobre todo mujeres mulatas. La ciudad de Le Cap tenía veinte mil habitantes de los cuales la mitad eran esclavos.

En conjunto, los grupos de grandes propietarios ricos, comerciantes de las ciudades o plantadores en el campo, conformaban la categoría de los «grandes blancos».

Los blancos que no poseían tierras, pero que tenían algún tipo de propiedad o riqueza, constituían el grupo denominado «pequeños blancos». Eran administradores de las plantaciones, capataces en el campo, abogados, notarios, funcionarios, artesanos o pequeños comerciantes. Ningún pequeño blanco era sirviente, ningún pequeño blanco hacía nada que un negro pudiese hacer por él. Un testigo de la época cuenta, por ejemplo, que se ve llegar al barbero

con su vestido de seda, el sombrero bajo el brazo, la espada al cinto y el bastón en la mano, seguido de cuatro negros; uno de ellos peina al cliente; otro le hace el tocador; el tercero, los rizos, y el cuarto, los últimos retoques. El barbero está atento, vigilando el trabajo, y al menor descuido le da una trompada a un negro, que sigue su trabajo sin chistar, así tenga que levantarse del suelo. Tras lo cual, y terminada la tarea, sale el peluquero con la misma elegancia y dignidad con que llegó a la casa (Arciniegas, 1955).

Sobre todos estos grupos de grandes y pequeños propietarios blancos se encontraba la burocracia, compuesta casi completamente por franceses, obviamente blancos. La máxima autoridad de la administración colonial de Saint-Domingue era el gobernador, quien centralizaba el control de todas las actividades burocráticas. Organizaba desde la administración económica hasta la justicia, pasando por el nombramiento de los militares y empleados públicos, la concesión de tierras, la fijación de impuestos, etcétera. Su labor era complementada por el intendente, que se encargaba de las finanzas, de los servicios públicos y del mantenimiento de las fuerzas armadas.

Los plantadores y los pequeños blancos despreciaban a los gobernadores porque consideraban que estos privilegiaban los intereses de la burocracia monárquica y la burguesía marítima, frente a los de los «colonos». Efectivamente, el gobierno colonial representaba la autoridad del rey y controlaba que se respetase el sistema proteccionista, resguardando los privilegios comerciales de la burguesía francesa.

En el interior de la clase dominante de Saint-Domingue existían por lo tanto varios problemas. Por un lado, uno de los conflictos era entre los grandes blancos y la burocracia colonial. Por otra parte, también había tensiones entre los grandes y los pequeños blancos. Es decir, entre los grandes propietarios terratenientes esclavistas y los comerciantes o pequeño burgueses. Entre ellos mediaba la burocracia colonial, que además defendía los intereses de la burguesía marítima francesa.

Por otra parte, los pequeños blancos también tenían conflictos y recelaban de los mulatos, que, como analizaremos luego, en algunos casos llegaron a tener mayor fortuna que ellos.

El Código Negro

Al igual que en el resto de América Latina, las relaciones de poder entre los grupos sociales fueron teñidas por prejuicios raciales. En Saint-Domingue, los propietarios eran blancos y quienes trabajaban, los esclavos, eran negros. Para los blancos, la distinción entre un hombre blanco y un hombre negro era esencial, porque era la legitimación ideológica de su poder económico.

Como en toda sociedad de clases, existía en Francia y sus colonias toda una superestructura jurídica, religiosa e ideológica que legitimaba las relaciones de explotación y dominación. Como afirma Eduardo Galeano, esta sociedad concebía a los negros como esclavos por naturaleza y vagos también por naturaleza. Para los europeos, la naturaleza, cómplice del orden social, era obra de Dios. Así, se afirmaba que determinados pueblos habían sido puestos bajo el dominio francés por la «divina providencia». Por consiguiente, el esclavo debía servir al amo blanco y el amo debía «cuidar» al esclavo negro.

En 1685, el estado francés sancionó jurídicamente la distinción social entre los trabajadores, esclavos negros y el resto de la sociedad. Al igual que en otros países esclavistas, el gobierno francés legalizó la esclavitud y legisló acerca de las condiciones en las que debían vivir y trabajar los esclavos. Para ello, se escribió el Código Negro. El derecho a la propiedad privada sobre la tierra y sobre las personas negras constituía el espíritu de esta legislación. Pero mientras en Europa se pretendía imponer la explotación de los trabajdores como una ley natural de la producción, en las colonias seguía utilizándose abiertamente la violencia directa.

En sesenta artículos, el Código estableció que latigazos, hierros candentes y tormentos se volvían instrumentos legales para mantener la disciplina del trabajo en las plantaciones.

Además, se sostenía que esta legislación respondía a «la necesidad que tienen [los esclavos] de nuestra autoridad y de nuestra justicia para mantener allí la disciplina de la Iglesia Católica, apostólica y romana, para ajustar allí lo que concierne al estado y la calidad de los esclavos» (el texto completo figura en el apéndice).

La religión católica, con sus jerarquías, normas y preceptos, era uno de los pilares de este orden social. No solo se establecía que todos los esclavos debían ser bautizados y educados en la religión católica, apostólica y romana, sino que en el primer artículo del Código se ordenaba a todos los oficiales del ejército que se «cazara» a todos los judíos que estuvieran en las islas bajo dominio francés, por ser enemigos declarados del cristianismo.

El Código establecía todas las normas en relación con los esclavos y los deberes de sus dueños, y fijaba qué podían y qué no podían hacer los esclavos y qué tipo de castigos físicos debían recibir en caso de incumplir con alguna norma o cometer algún delito. El esclavo que atacara a su amo o a su mujer, por ejemplo, sufría la pena de muerte. Si robaba una oveja, una cabra o una gallina, se le podía castigar con azotes y se le marcaba en la espalda una flor de lis con un hierro candente. Si intentaba huir podían cortarle las orejas y marcarlo nuevamente con hierros; si reincidía, sería ejecutado.

Pese a esta estructura ideológica que pretendía hacer válida la idea de que los negros no eran sujetos/personas sino objetos/cosas, los esclavos luchaban permanentemente para sostener su condición humana. La cantidad de castigos legislados en el Código y las normativas referentes a la posibilidad de que los esclavos formaran su familia, dan cuenta de las diferentes formas en las que los esclavos resistían cotidianamente. Incluso llegaban a utilizar el Código mismo para reclamar al estado francés, cuando un propietario se «excedía» en los castigos. En un cafetal, el hacendado Le Jeune había matado a cuatro esclavos y puesto bajo tortura a dos esclavas, a las que les dislocó los brazos y las piernas, les quemó los pies y les puso collares de hierro. Para defenderse, los esclavos acudieron a la justicia y denunciaron a Le Jeune por torturas, algo prohibido en el Código Negro.

No solamente protestaron por sus derechos sin temor al castigo e incluso a la muerte. Además, como veremos, a pesar de sus terribles condiciones de vida, fueron capaces de organizarse y actuar de modo colectivo, logrando su libertad y transformando radicalmente la sociedad.

Los mulatos

Además de los blancos, había otro grupo de personas libres en Saint-Domingue eran los llamados «afrancesados». Este grupo estaba compuesto por los *mulatos* y los *negros libres*. Producto del abuso de los propietarios blancos sobre sus esclavas, fue surgiendo un importante grupo de mulatos, que eran considerados libres hasta la edad de veinticuatro años. El Código Negro autorizaba el matrimonio entre el blanco y la esclava que le hubiese dado hijos, y esta ceremonia la liberaba a ella y a sus hijos. Pero a medida que la población blanca se incrementó, los blancos comenzaron a romper este «convenio» y vendieron o esclavizaron a muchos de sus propios hijos.

Al alcanzar la mayoría de edad, los mulatos eran obligados a ingresar en la *maréchaussée,* una organización policial paralela al ejército, encargada de arrestar a los esclavos fugitivos, cuidar los caminos y capturar a todos los negros considerados «peligrosos». Luego de tres años debían ingresar en las milicias del ejército propiamente, proporcionándose sus propias armas, municiones y equipo pero sin poder acceder a los departamentos navales y a las altas jerarquías militares.

También estaban excluidos de la práctica de la abogacía, medicina, religión, oficinas públicas y puestos de responsabilidad. Sin embargo, a diferencia de las colonias británicas, no estaba limitada la cantidad de propiedades que podían poseer. Así, algunos empezaron a adquirir riquezas como artesanos o como pequeños propietarios, incluso poseían esclavos. Esto generó el descontento y la alarma de los blancos.

Algunos autores afirman que se llegó a establecer ciento veintiocho divisiones intermedias de «pureza» entre negros y blancos. El *sang-mêle* o sangre mezclada, por ejemplo, tenía, según esta tipología, ciento veintisiete partes de blanco y una de negro, y seguía siendo considerado un hombre de color. El factor crucial de esta categorización era claro. Era el miedo a los esclavos, a los que había que mantener subyugados, asociando inferioridad y degradación con el rasgo más obvio que los identificaba: la piel negra.

Cuando, en 1776, los franceses apoyaron a los norteamericanos en su lucha por la independencia, fue enviado desde Saint-Domingue un importante contingente de soldados. De esta forma, muchos de los mulatos que eran parte del ejército fueron como voluntarios y combatieron junto a las fuerzas francesas. Esta experiencia sería de vital importancia para las luchas que se desarrollarían posteriormente en la colonia. Muchos de los futuros dirigentes mulatos aprendieron allí no solo tácticas de guerra, sino formas de organización que les resultarían sumamente útiles.

La participación de los mulatos en esa guerra contribuyó también a que más tarde se difundieran en la colonia francesa las ideas acerca de la libertad y la igualdad. Al igual que en Francia, en Cuba y otras islas del Caribe comenzaron a incrementarse las logias masónicas. Varias de estas organizaciones secretas, formadas principalmente por blancos liberales y por mulatos, discutían de política y leían a Voltaire, Montesquieu y Diderot. Desde estas organizaciones, algunos liberales reivindicaban los derechos del hombre y promovían movimientos contra las diferentes formas de dominación y opresión.

Los esclavos

En Saint-Domingue, el ochenta y cinco por ciento de la población estaba constituida por los esclavos, la clase social más explotada. En 1789 sobrepasaban el medio millón.

En las ciudades y en el campo, los esclavos hacían diversos tipos de trabajo; además de tareas rurales realizaban labores domésticas, faenas en el puerto, eran arrieros y pequeños artesanos. Algunos incluso efectuaban trabajos de administración en las plantaciones, lo que les permitiría tener cierta libertad de movimiento y adquirir conocimiento y experiencia en las funciones de dirección.

Sus condiciones de vida eran infrahumanas. En las plantaciones, los esclavos, hombres y mujeres, eran alojados en barracas. Trabajaban hasta dieciséis horas diarias y su alimento era pobrísimo. A las cinco de la mañana eran conducidos a latigazos hasta las plantaciones.

El Código Negro establecía que los dueños debían dar a los esclavos dos vasijas y media de harina de mandioca o alimentos equivalentes, con dos kilos de buey salado, o tres kilos de pez, u otras cosas a proporción por semana. A los niños, hasta la edad de diez años, debían darle la mitad de esos víveres. En las dos horas que les concedían en medio de la jornada o en los días de fiesta, los esclavos podían cultivar pequeños huertos, o criar gallinas o cerdos, lo que les permitía encontrar un suplemento a las pobrísimas raciones de comida.

A pesar de que la tortura estaba prohibida por el Código, Vassière, un testigo de la época, cuenta que además de latigazos se les aplicaban castigos como quemarlos con un hierro candente en el cuello, rociando sal, pólvora, limón o cenizas sobre la llaga sangrienta. La tortura del collar de hierro se reservaba a las mujeres sospechosas de haberse provocado un aborto, y no se lo quitaban hasta no producir un niño. Un suplicio frecuente era el entierro de un negro vivo, en una tumba cavada por él mismo, y a quien se le untaba la cabeza con azúcar para que las moscas y las hormigas fueran más devoradoras.

Otro desgarrador testimonio relata, por ejemplo, cómo una *madame* de Le Cap ordenó echar en la estufa a la esclava cocinera por haber quemado unas galletas. Mientras la cocinera perecía en las brasas, la mujer regresó a atender a sus invitados.

Los dueños trataban a sus esclavos como a un objeto, una cosa. Para los propietarios, los esclavos eran mercancías que habían comprado, igual que un buey o un arado, no seres humanos. De hecho, los esclavos recién llegados, agonizantes por las infrahumanas condiciones del viaje eran literalmente arrojados a la basura.

A pesar de estas terribles condiciones, como dijimos anteriormente, los esclavos se rebelaban de manera constante, pues existían diversas formas cotidianas de resistencia.

Los esclavos lograban mantener cierta estructura familiar, recuperando algunos de los lazos originarios de su cultura. A pesar de la diversidad étnica, los esclavos lograban conformar una comunidad en la plantación, y sobre la base de prácticas sociales y culturales establecían en ocasiones jerarquías y funciones. Además, ha sido documentado que en algunas zonas habían logrado crear canales de comunicación y de intercambio de ciertos productos. De esta forma, los esclavos se definían a sí mismos como personas, con sus familias y papel social.

Había también formas desesperadas de rebelión y estallidos espontáneos de ira, que generalmente terminaban con el castigo y la muerte de los esclavos, pero el conjunto de lazos sociales que habían logrado construir les iría permitiendo, con el tiempo, organizarse mejor para conseguir su emancipación.

Los que lograban fugarse se integraban a los grupos de *cimarrones* que se gestaron durante estos años de resistencia. El término cimarrón fue aplicado inicialmente por los españoles para referirse a ganado salvaje o huido. Luego comenzaron a usarlo para nombrar a los nativos que se escapaban y finalmente, a partir de 1530, para nombrar a los esclavos que huían de sus dueños. Estos rebeldes se refugiaban en las montañas, y con frecuencia formaban bandas y se ayudaban mutuamente. Además, rondaban las plantaciones y alentaban a otros esclavos a rebelarse.

En las plantaciones, el *marronage*, como lo llamaban los franceses, fue constante. Por todas partes había comunidades de esclavos escapados.

En general, los administradores o capataces de las plantaciones eran quienes organizaban los levantamientos o las huidas. Contando con el respeto de sus compañeros y con la experiencia adquirida, estos líderes eran quienes mantenían las comunicaciones con los grupos de cimarrones y conspiraban con ellos en la organización de las revueltas.

Entre 1704 y 1781 hubo varias insurrecciones de esclavos en las que participaron muchos de estos grupos de cimarrones. Rebeliones cómo la del famoso esclavo François Mackandal (?-1758) quedaron en la memoria colectiva y ejercieron gran influencia. De 1751 a 1758, el africano Mackandal huyó a las montañas tras perder un brazo en las labores de un ingenio azucarero. Desde allí, organizó pequeños grupos de cimarrones que atacaban frecuentemente las plantaciones, matando blancos y alentando a los negros a comenzar la insurrección. La más famosa de ellas comenzó con el envenenamiento de las fuentes de agua que proveían a la población blanca. Finalmente fue capturado y ejecutado.

Como el aumento de la producción implicaba una mayor explotación de la mano de obra esclava, las durísimas condiciones de trabajo y los castigos generaban que los esclavos empezaran a morir más rápidamente.

Al mismo tiempo, el incremento del número de esclavos que llegaban de África a Saint-Domingue traía como consecuencia una mayor severidad y castigos salvajes contra los negros, a quienes se intentaba aterrorizar.

De esta forma, en las últimas décadas del siglo XVIII estallaron cada vez más revueltas ocasionales y actos de resistencia. Esto provocaba a su vez el endurecimiento de los castigos a los esclavos con olas de represión y torturas atroces.

El *créole* y el vudú

La mayoría de los esclavos que llegaban a la colonia provenía de distintos lugares del continente africano. Para que los distintos lenguajes y costumbres fueran una barrera frente a la posible organización y rebelión, los esclavistas utilizaban la técnica de mezclar africanos de diferentes etnias. Con el tiempo, la mezcla de las diferentes lenguas, costumbres y creencias, dio lugar a una nueva lengua, el *créole*, y a un sincretismo religioso llamado vudú.

Según los especialistas, el créole (criollo) era y es una síntesis del francés y de diferentes dialectos africanos. La esclavitud les había impuesto una misma identidad a los africanos, más allá de sus diferentes etnias de origen. El desarrollo del créole significó para los esclavos la posibilidad de tener una lengua común, unificada, que les facilitara la comunicación.

Por otro lado, la adopción de este lenguaje creó al mismo tiempo algunas dificultades. A diferencia de aquellos que vivían en las ciudades, que tendían a aprender mejor el francés, el créole se difundió sobre todo entre los esclavos que vivían en las plantaciones. Por tanto, la mayoría de los esclavos no solo era analfabeta, sino que tampoco comprendía acabadamente la lengua de sus opresores: el francés. Al mismo tiempo, esto permitía a los esclavos conspirar sin ser comprendidos.

El vudú ha sido motivo de diferentes interpretaciones, como religión o como práctica mágica traída de África y adaptada a la realidad esclavista de Saint-Domingue y otras colonias. El antropólogo Alfred Metraux explica que, lejos de ser una mezcla de religiones africanas, el vudú y sus sistemas culturales más amplios fueron en gran medida un producto de la economía de las haciendas o plantaciones. Por ello, se desarrolló sobre todo en las zonas rurales y quedó largamente asociado a las prácticas campesinas. El vudú en Saint-Domingue se dirigía básicamente a las fuerzas de la naturaleza y a los ancestros divinizados, formando vastos sistemas que unían a los muertos y a los vivos en un todo familiar, continuo y solidario. En este sentido, el vudú es una cosmovisión, una manera de ordenar y entender el mundo, que recuperaba algo de la cultura africana. Por ello, el vudú fue, en sí mismo, un medio de resistencia de los negros frente a la opresión.

Además, como práctica religiosa, servía para camuflar conspiraciones. Al ritmo de los tambores, en los bosques se realizaban reuniones y se creaban sociedades secretas que tomaban con el tiempo un carácter político. El sacerdote vudú era frecuentemente un dirigente político también. Por eso el vudú fue perseguido tenazmente por la administración colonial y por la Iglesia Católica, que luchaba para terminar con esta forma de «paganismo».

Estalla la revolución

Los colonos frente al monopolio francés

Los grandes y pequeños propietarios de Saint-Domingue se habían instalado gracias al capital adelantado por la burguesía marítima. Sin embargo, la dependencia política de la «madre patria» estaba impidiendo una mayor ganancia de los colonos y, al mismo tiempo, muchos de ellos estaban fuertemente endeudados con los comerciantes franceses.

Desde un comienzo, los colonos de Saint-Domingue tuvieron discrepancias con el gobierno francés, que consideraba que las colonias existían exclusivamente para su propio beneficio. El ministro Colbert afirmaba que las colonias habían sido fundadas por y para la metrópoli.

Varias veces los colonos habían protestado contra excesivos impuestos y contra el monopolio comercial en manos de la burguesía marítima francesa. Pero ahora, el enriquecimiento y la acumulación ya descriptos, eran suficientes como para que se planteasen la necesidad de tener autonomía o por lo menos discutir las condiciones en que se repartía la riqueza.

Así, los grandes y los pequeños blancos, a pesar de estar en permanente conflicto, se hallaban ambos enfrentados a la burguesía francesa, con la que competían. Querían terminar con la política comercial restrictiva que imponía Francia.

Por otro lado, la burguesía francesa tenía otra gran rival: la burguesía británica. Durante todo el siglo XVIII combatieron por controlar diferentes lugares del mundo. Con la independencia norteamericana, en 1776, los ingleses perdieron una de sus más importantes colonias. En el resto, contaban con mano de obra suficiente y no necesitaban ya del tráfico de esclavos. Se iba imponiendo poco a poco la supremacía del trabajo asalariado y del libre comercio. Además, buena parte de las inversiones británicas se dirigían ahora hacia la India, donde experimentaban con el cultivo de azúcar.

Frente al importante crecimiento de la producción de Saint-Domingue y las colonias francesas, la burguesía inglesa comenzó a escuchar con más atención las voces de aquellos que luchaban contra la trata de esclavos.

El color de la piel y la propiedad

El grupo de los *affranchis* (afrancesados), en su mayoría mulatos, fue acumulando riquezas. Algunos eran propietarios de tierras y de esclavos, y controlaban una tercera parte de las plantaciones y los esclavos de la colonia. Este sector emergente de plantadores, que constituía el cinco por ciento de la población de la colonia, comenzó a imitar el estilo de los blancos y pretendía borrar todo rastro de su origen. Algunos incluso comenzaron a enviar a sus hijos a Francia para educarlos. Hacia 1716, todo esclavo negro que tocaba suelo francés se convertía en libre y el Código Negro establecía, en teoría, los mismos derechos para los libertos que para cualquier otro ciudadano.

Sin embargo, a lo largo del siglo XVIII, los blancos (grandes y pequeños) fueron sancionando una serie de leyes discriminatorias para frenar el ascenso económico y social de estos «descendientes de esclavos», que iban adquiriendo importancia en la colonia.

El Consejo de Puerto Príncipe se había propuesto exterminar la competencia de los mulatos.

Para ello propuso, por ejemplo, expulsar a los mestizos «menos blancos» hacia las montañas, prohibir la venta a los mestizos de toda propiedad en las llanuras, negarles el derecho a adquirir propiedades inmobiliarias y forzarlos a vender a todos sus esclavos. Pero los mulatos eran demasiados y los propietarios no pudieron imponer estas medidas.

Sin embargo, entre 1758 y 1790, se incrementaron las persecuciones y humillaciones hacia los mestizos. Ante el peligro que representaban, se les prohibió ostentar espadas o sables, llevar ropas europeas y jugar juegos europeos, también se les prohibió el derecho de reunión y que permanecieran en Francia. Además, se prohibió a los sacerdotes elaborar documentos para los mulatos, quienes tampoco pudieron desde entonces utilizar los títulos de *madame* y *monsieur*. El único privilegio concedido por los blancos era que les prestasen dinero.

Por otro lado, el enriquecimiento de los mulatos incrementó el resentimiento de los esclavos negros hacia ellos. Estos pequeños, medianos y, en algunos casos, grandes propietarios mulatos, estaban en conflicto, al mismo tiempo, con los esclavos negros, con los grandes plantadores y con los pequeños blancos. Estas diferentes tensiones son las que explicarán las distintas posiciones que irán tomando los mulatos y las diferentes alianzas de las que formaron parte en cada momento de la revolución.

En este sentido, si bien en un principio los grandes y pequeños blancos y la burocracia lucharán unidos contra los mulatos y los negros al creer que la cuestión racial era el eje del conflicto, los grandes blancos y los mulatos tenían un nexo en común: la propiedad, base real de sus relaciones sociales. Cuando los conflictos emergieron, los propietarios blancos, puestos a escoger entre sus aliados de color y sus aliados de propiedad, no dudaron en elegir a estos últimos. Los mulatos, hijos de negros, pero propietarios, defenderán sus derechos burgueses frente al intento de emancipación de los esclavos.

La Sociedad de los Amigos de los Negros

Durante el siglo XVIII, llamado «el Siglo de las Luces», de la «Ilustración», o del «Iluminismo», se fue desarrollando un vasto movimiento intelectual, científico y artístico. Constituyó un movimiento que permitió sistematizar las nuevas prácticas y creencias, porque expresaba los profundos cambios que se habían producido en la sociedad. Al cuestionar los principios religiosos y políticos que habían predominado durante la Edad Media, los destacados pensadores de la Ilustración sometían todos los argumentos y afirmaciones al juicio crítico de la razón. Replanteando la relación de los seres humanos con Dios, con la naturaleza y de los hombres entre sí, los iluministas sostuvieron que todos los hombres nacen libres e iguales en derechos, siendo su principal propósito lograr la felicidad. Además, cuestionaban el derecho divino como origen del poder monárquico y reivindicaron el derecho de los pueblos de resistir frente a la opresión.

Este impresionante avance histórico en la conciencia de los seres humanos influyó profundamente en los individuos que protagonizaron la Revolución Francesa y, por supuesto, también en quienes encabezaron las luchas por la libertad y la igualdad en las colonias.

Reivindicando los preceptos iluministas, los mulatos habían formado, en 1788 en Francia, la Sociedad de los Amigos de los Negros. Constituida por un grupo de pensadores franceses, como Brissot de Warville (1754-1793) y Maximilien de Robespierre (1758-1794), tenía como objetivo la abolición de la esclavitud.

Desde Francia, la Sociedad de los Amigos de los Negros seguía de cerca los acontecimientos de las colonias, en particular de

Saint-Domingue. Publicaban un periódico, provocaban agitaciones y se hicieron eco de la campaña en Inglaterra, donde un grupo antiesclavista había formado la Sociedad Abolicionista y se había embarcado en la lucha contra el tráfico atlántico de personas.

Los mulatos que volvían de París, con educación e ideas progresistas, ideas liberales, nociones acerca de los derechos, de la igualdad, etcétera, inflamaban el odio, la envidia y el miedo de los colonos blancos.

Si bien pretendían terminar con la esclavitud y lograr la igualdad entre blancos, negros y mulatos, existía al mismo tiempo una fuerte contradicción porque muchos mulatos eran a la vez dueños de esclavos.

En 1783, el marqués du Rouvray afirmó: «Esta colonia de esclavos es como una ciudad que espera un ataque inminente; estamos pisando barriles de pólvora cargada» (Farmer, 1994).

La Revolución Francesa prende la mecha

La Revolución Francesa, que se inició en 1789, tuvo un enorme impacto sobre las colonias. Los enfrentamientos entre las diversas fracciones sociales se irían reflejando y repercutiendo en las luchas en Saint-Domingue.

Los grandes blancos de Saint-Domingue quisieron enviar sus diputados a la convocatoria de los Estados Generales en Francia, teniendo en cuenta el total de la población de la colonia. La discusión en torno a la admisión o no admisión de los representantes de Saint-Domingue, terminó por abrir el debate sobre la esclavitud y los negros.

Brissot, miembro de la Sociedad de los Amigos de los Negros, protestaba indignado argumentando que: «Estos señores cuentan a los negros de la isla y los elevan al rango de hombres solo para alcanzar esa representación, pero no quieren representarlos sino degradarlos y ponerlos por debajo del resto de los hombres». Por su parte, el diputado Mirabeau planteaba que «los esclavos, o son hombres o no lo son: si los de las plantaciones los consideran hombres, que los liberten y los hagan electores y elegibles para que vengan a ocupar sus puestos en esta asamblea; si no es este el caso, ¿vamos nosotros, al computar el número de diputados que corresponde a la nación francesa, a tomar en cuenta el censo de mulas y caballos?» (James, 2001).

Estos debates continuaron, y, más adelante, la Declaración Universal de los Derechos del Hombre y del Ciudadano, con sus artículos acerca de los derechos naturales del hombre, puso en cuestión todo el sistema esclavista.

El artículo primero de la Declaración proclamaba que «los hombres nacen y permanecen libres e iguales en derechos. Las distinciones sociales solo pueden fundarse en la utilidad común». Pero la igualdad promulgada en París no era aplicable, decía la burguesía, a las colonias francesas.

Al mismo tiempo, los acontecimientos en la colonia motivaban enfrentamientos y luchas entre quienes querían mantener la esclavitud, quienes reclamaban la igualdad y quienes planteaban términos medios. Sin embargo, más allá de la cuestión de los negros, todas las fracciones de la burguesía acordaban en un punto: estaban decididas en su conjunto a mantener bajo su órbita a la colonia de ultramar, nada de independencia o de autonomía comercial.

De esta manera, frente a los acontecimientos de Francia, en Saint-Domingue la clase dominante esclavista quedó dividida en dos grupos: los grandes plantadores y los ricos comerciantes por un lado, y la burocracia (funcionarios civiles y militares) fiel al gobierno francés, por otro.

Los primeros querían separarse de la metrópoli, mantener la esclavitud y comerciar libremente con otros países, especialmente con Estados Unidos. Los funcionarios, representantes de los intereses de la burguesía francesa, defendían el lazo colonial, ahora con una Francia revolucionaria y cambiante.

Los pequeños blancos, por su parte, lejos de plantearse cambios a gran escala, querían enviar una delegación a París y reclamar por sus intereses.

Mientras tanto, los esclavos de la llanura del norte, que estaban al tanto de las convulsiones políticas que se estaban desarrollando, esperaban y observaban, al tiempo que se iban organizando y preparando para la acción.

La rebelión de los mulatos

Finalmente, al constituirse la Asamblea Nacional en París, los diputados franceses terminaron por aceptar la representación colonial. Todos los miembros de la Sociedad de los Amigos de los Negros eran diputados y auspiciaban importantes debates en los que hablaban del derecho a la libertad, de la igualdad y pedían, por tanto, la abolición de la esclavitud.

Pero para la burguesía marítima eso significaba la ruina: el tráfico de esclavos y la esclavitud eran, como dijimos anteriormente, la base de su acumulación.

En Saint-Domingue, los *grandes plantadores blancos* quisieron aprovechar la situación para dominar el gobierno de la colonia y realizaron el primer movimiento hacia la autonomía. Sumándose a la marea revolucionaria, en abril de 1790 inauguraron en Saint-Marc (pequeña población de la costa central) la llamada Asamblea General de la Parte Francesa de Saint-Domingue.

Respaldados ante Francia con esta Asamblea, los grandes plantadores comenzaron a presentar abiertamente la necesidad de romper el lazo colonial. Inconscientemente, al cuestionar el poder y el gobierno de la metrópoli, abrieron la puerta a otros reclamos.

Para asegurar su poder y restringir la participación política, dispusieron que solo tuvieran acceso a este congreso los representantes de los propietarios con más de veinte esclavos. Mostrando su desprecio hacia los mulatos y negros libres, ordenaron a las tropas custodiar la reunión e impedir la entrada de «gente de color».

Excluidos por los grandes blancos, los plantadores mulatos trataron de aliarse con la burocracia colonial y la burguesía marítima francesa, empecinada en defender su monopolio comercial frente al avance de los colonos.

Los mulatos defendían el lazo colonial porque este vínculo les permitía exigir el cumplimiento de las resoluciones igualitaristas de la Asamblea Nacional Francesa del 8 de marzo de 1790. Estas afirmaban en su artículo 4 que todas las personas de veinticinco años de edad que cumpliesen ciertos requisitos de propiedad y residencia tenían derecho a voto.

Vincent Ogé (1750-1791), uno de los líderes del movimiento de los mulatos, regresó a Saint-Domingue luego de realizar infructuosas gestiones en París, en donde propuso derechos para los mulatos y una progresiva abolición de la esclavitud. Apoyado por la Sociedad de los Amigos de los Negros, el 23 de octubre de 1790, exigió en la asamblea de Saint-Domingue la igualdad civil y el derecho de sufragio para los mulatos.

Frente a esto, todo el Saint-Domingue blanco, más allá de las diferencias entre los grandes blancos y la burocracia colonial en cuanto a la independencia, salió en defensa de la esclavitud. Conceder derechos a los mulatos implicaría abrir el reclamo a los esclavos negros.

Mil quinientos soldados del ejército colonial comenzaron inmediatamente a perseguir a Ogé. Este no encontró más alternativa que levantarse en armas con algunos de sus partidarios, y el 28 de octubre de 1790, junto a unos trescientos cincuenta mulatos, Ogé lideró una manifestación frente a la Asamblea de Port-au-Prince.

El líder mulato recibió el respaldo de Baptiste Chavannes, quien había peleado en la guerra de independencia norteamericana.

Sin embargo, superados ampliamente en número, los mulatos fueron rápidamente reprimidos, aislados y sus dirigentes encarcelados o asesinados. Ogé y sus seguidores fueron torturados y luego ejecutados de manera terrible y pública, el 25 de febrero de 1791.

Al conocer estos hechos, en Francia comenzaron a tomar conciencia del problema colonial. Para intentar aplacar el conflicto y generar cierto consenso, decidieron otorgar algunos limitados derechos a un grupo reducido de mulatos ricos. Al mismo tiempo, enviaron dos regimientos de soldados a Saint-Domingue para ayudar al gobierno a mantener el orden.

Sin embargo, en la Asamblea de París comenzaban a surgir, cada vez con más fuerza, voces disidentes.

Organizados políticamente en el Club de los Jacobinos, un grupo de revolucionarios, liderado por Robespierre, iba manifestando posiciones más radicales. Defendiendo el derecho a la libertad y los principios igualitarios de la Revolución, Robespierre denunciaba en la Asamblea el interés de los diputados que representaban a las colonias al decir:

Si sospechase que entre aquellos que se han opuesto a los derechos para los hombres de color hubiese alguno que detestase la libertad y la Constitución, pensaría que solo perseguían los medios de atacar con fortuna vuestros decretos y vuestros principios. Cada vez que se plantee la cuestión que implica directamente el interés de la metrópoli os dirán: apeláis sin cesar a los Derechos del Hombre pero vosotros mismos creéis tan poco en ellos que habéis santificado constitucionalmente la esclavitud. El interés supremo de la nación y de las colonias reside en que permanezcáis libres y en que no derribéis con vuestras propias manos los pilares de la libertad. Que mueran las colonias si el precio a pagar por ellas es vuestra felicidad, vuestra gloria, vuestra libertad. Lo repito: que mueran las colonias si el deseo de los colonos es amenazar con forzarnos a decretar aquello más ventajoso para sus intereses. Declaro en nombre de la Asamblea, en nombre de aquellos que no desean derribar la Constitución, en nombre de toda la nación que desea la libertad, que no sacrificaremos a los diputados coloniales ni la nación, ni las colonias ni al resto de la humanidad (James, 2001: 82).

La
revolución
negra

Fai Ogún, Fai Ogún, Fai Ogún, oh!
Damballah m'ap tiré canon,
Fai Ogún, Fai Ogún, Fai Ogún, oh!
Damballah m'ap tiré canon.
Oración ritual vudú

El dios de los blancos ordena el crimen.
Nuestros dioses nos piden venganza.
Ellos conducirán nuestros brazos y nos darán asistencia.
¡Rompan la imagen del dios de los blancos,
Que tiene sed de nuestras lágrimas;
Escuchemos en nosotros mismos el llamado de la libertad!
Alejo Carpentier, *El reino de este mundo*

La rebelión de los esclavos

A partir de la represión del movimiento de los mulatos, comenzaron a sucederse cada vez más revueltas y alzamientos espontáneos, protagonizados por grupos de mulatos como André Rigaud (1761-1811) y de ex esclavos negros como Henri-Christophe (1767-1820), un criado de un hotel de Le-Cap. Iban preparándose, organizándose para la revolución en la ciudad de Le-Cap Français y sus alrededores. El vudú era la herramienta de la conspiración, su principal dirigente, el «sacerdote» Bouckman, organizaba a los esclavos.

En las reuniones donde se juntaban para cantar y bailar al compás de los tambores, discutían de política y elaboraban sus planes. La gran sublevación de esclavos comenzó en la llanura del norte, en la cual se concentraba más de la mitad de los trabajadores.

El 14 de agosto de 1791 decenas de miles de esclavos respondieron al llamado de Bouckman y se dispusieron a pelear por su libertad. Armados con picos, machetes, palos y antorchas comenzaron la insurrección, destrozando unas ciento ochenta haciendas azucareras, unas novecientas de café, algodón e índigo. En unos días, la mitad de la llanura estaba en llamas tras la destrucción implacable de los esclavos, que retribuían a sus antiguos amos las violaciones, las torturas, las degradaciones y las muertes sufridas durante dos siglos. Murieron por lo menos mil blancos.

La energía del movimiento de masas arrastró a sectores revolucionarios de los negros libres y de los mulatos, que se sumaron a los negros, tan despreciados hasta entonces, para luchar contra el enemigo común.

Por su escala y por su grado de organización fue la mayor rebelión conocida hasta entonces. Sin embargo, era todavía un movimiento que se planteaba terminar con la esclavitud, lejos de concebir conscientemente la construcción de una nueva sociedad, los esclavos negros solo buscaban, por ahora, la destrucción del viejo orden.

Murieron en esta insurrección más de diez mil esclavos y se estima que unos veinticinco mil escaparon a las montañas. Sin embargo, como resultado de las brutales represalias de los hacendados, cada vez más esclavos huían y se sumaban a los rebeldes.

A pesar de que Bouckman fue finalmente capturado y ejecutado, la rebelión ya no se detendría. Otros ex esclavos asumieron la dirección del movimiento y pasaron a conducir el proceso revolucionario.

Armados con un puñado de pistolas y revólveres, viejas espadas oxidadas, aperos de labranza y varas con puntas de hierro, los ex esclavos, bajo las órdenes de George Biassou, Jean François y Jeannot se pusieron los uniformes, cintas y galones encontrados en las plantaciones o arrebatados a los enemigos muertos en combate. Los líderes, ahora envestidos con títulos militares, se apresuraron a mantener el orden y la disciplina en este grupo heterogéneo de hombres recién liberados de la esclavitud.

Los orígenes de Toussaint Louverture

A los cuarenta y cinco años, el esclavo Toussaint Bredá (1746-1803) decidió unirse al movimiento revolucionario. A las órdenes de Biassou, fue ocupando rápidamente un lugar privilegiado entre sus hombres.

Su trabajo como administrador de ganado en una hacienda le había dado experiencia en el trato con los que gestionaban la plantación y tenían autoridad. Era respetado y estimado por sus compañeros. Además, el viejo Toussaint, como lo llamaban, sabía leer y escribir. Había leído textos como los *Comentarios* de César y el volumen del humanista abate Raynal sobre las Indias Orientales y Occidentales, de los que aprendió cierta estrategia militar y política. Según afirman varios estudios, llegó a tener una sólida formación sobre la política y la economía de Saint-Domingue y de los imperios europeos que participaban en la explotación y el comercio colonial. Además, gracias al contacto que tenía con los blancos, estaba al tanto de las protestas de la Sociedad de los Amigos de los Negros y de los acontecimientos en Francia.

A diferencia de otros esclavos, Toussaint era un ferviente católico. Se había bautizado y casado por la Iglesia Católica y tenía dos hijos que vivían con él en la plantación. Además, había desarrollado una buena relación con sus amos, a quienes se encargó de proteger y poner a resguardo, antes de marcharse y unirse a la rebelión.

Gracias a sus conocimientos, capacidades y carácter, Toussaint Bredá fue rápidamente consolidando su liderazgo político y militar.

Según algunos de sus biógrafos, debido a una maniobra que realizó en uno de los enfrentamientos armados, en la que ordenó a las tropas realizar una «abertura», comenzaron a llamarlo Toussaint Louverture, nombre con el que sería conocido desde entonces.

La reacción de los propietarios blancos

Atrincherados en la ciudad de Le Cap, amenazados por la revuelta de los esclavos, los propietarios blancos y los mulatos (grandes y pequeños) formaron en un principio un frente común, apoyados por el ejército francés.

Pero los pequeños propietarios blancos, presas del pánico, acusaron a los mulatos de participar en las revueltas y los masacraron en las calles.

Al mismo tiempo, la Asamblea Colonial ordenaba al ejército colonial que ensartara cabezas de negros sobre picas en todas las rutas que conducían a Le-Cap y mandaba delegados a parlamentar con los británicos en Jamaica, con los españoles y a Estados Unidos en busca de apoyo.

La insurrección de los esclavos había repercutido fuertemente en Europa y en América. Estados Unidos, por ejemplo, además de sostener el sistema esclavista en su territorio, tenía un creciente comercio con la colonia francesa. Hacia 1789, llegaban a los puertos de Saint-Domingue unos quinientos barcos norteamericanos al año. Frente a la rebelión, los Estados Unidos enviaron tropas y setecientos cincuenta mil dólares como ayuda militar para defender a los colonos blancos y, con ellos, sus propios intereses.

Comenzó entonces lo que sería una práctica común de los gobiernos norteamericanos durante los siglos siguientes.

Los ingleses, por su parte, quisieron aprovechar la oportunidad y comenzaron a planear una intervención militar que les permitiera adueñarse de la isla.

A los pocos meses, el número de esclavos rebeldes ascendía ya a cien mil pero no podían avanzar hacia el sur ni hacia el oeste, regiones protegidas por un cordón de fortificaciones rápidamente construidas por los colonos.

Los mulatos se organizan en el oeste

Rota la alianza de clase entre los propietarios blancos y los mulatos, estos comenzaron a congregarse en La Croix-des-Bouquets, en el oeste. Al mando de Rigaud y Beauvais, mulatos que habían estudiado en Europa, que poseían instrucción militar y que habían participado en la guerra de independencia norteamericana, consolidaron rápidamente un poderoso ejército con el que se dispusieron a enfrentar el gobierno colonial.

El 19 de octubre de 1791, luego de varios enfrentamientos armados en los que los mulatos salieron victoriosos, las autoridades de la Asamblea Provincial Occidental se vieron obligadas a firmar un concordato en el cual incorporaban todas las demandas de los mulatos y reconocían su igualdad de derechos.

Sin embargo, la Asamblea Legislativa de París no ratificó el acuerdo. Con esta acción rompió no solo los pactos que se habían construido en el oeste, sino los que estaban por consolidarse en el sur, entre los propietarios blancos y los mulatos.

Lejos de negociar cualquier concesión, la asustada Asamblea de la Francia revolucionaria envió a Saint-Domingue a tres comisarios: Saint-Legar, Mirbeck y Roume. Además, anunciaban la inminente llegada de tropas francesas para imponer el orden y la paz en la colonia.

Agobiado por conflictos internos, el gobierno de Francia no daba respuesta a ninguno de los reclamos coloniales.

El ejército popular negro

Por su parte, tras cuatro meses de insurrección, los ex esclavos empezaban a sufrir las consecuencias de la devastación. En una tierra arrasada y cercados por las tropas enemigas, los rebeldes comenzaron a morir de hambre. Los líderes negros no vieron otra salida que la negociación e iniciaron un intercambio de delegados y cartas diplomáticas con los comisarios franceses, en las que exigían no solo libertad, sino igualdad de derechos políticos y la liberación de varios dirigentes a cambio de la paz.

Pero los grandes plantadores se negaban a reconocer estas negociaciones que ponían en peligro la fuente de sus ganancias. Los colonos no solo no aceptaban las condiciones de los negros, sino que se negaban incluso a recibir a sus delegados. Además, desconocían la autoridad de los representantes de la Asamblea de París.

Frente a la violencia de quienes pretendían continuar con su dominación, los negros no tenían alternativa: o pelear por su libertad o volver a la esclavitud. Toussaint, ya instituido como dirigente, planteó entonces que era necesario conseguir la libertad total para todos, libertad que solo se alcanzaría con la guerra. Las masas de hombres y mujeres recientemente libres no dudaron.

La guerra hacía necesario un ejército bien instruido y Toussaint comenzó entonces la tarea de su organización, asumiendo el título de brigadier general.

De esta manera, Toussaint Louverture empezaba a liderar el ejército popular negro en el norte.

Durante los primeros meses de 1792, Toussaint organizó y entrenó a miles de ex esclavos en el uso de las armas y en las tácticas de guerra. Practicando algo similar a la «guerra de guerrillas», atacaban al enemigo en pequeños grupos y se retiraban rápidamente para reservar sus fuerzas. En otras ocasiones, luego de que sacerdotes vudú, mujeres y niños entonaran el *wanga*, las tropas caían sobre sus oponentes y arrasaban todo a su paso.

Así, atacando a los soldados franceses y a las milicias de los colonos, Toussaint formó e instruyó en distintas tácticas a unos quinientos hombres leales, los futuros dirigentes de las tropas revolucionarias. Uno de ellos era el ex esclavo Jean-Jacques Dessalines (1758-1806). Nacido en Guinea, África, había sido capturado y trasladado a Saint-Domingue como esclavo. Habiendo huido de su amo en 1789, se unió a las tropas rebeldes que combatían desde 1791.

La revolución se radicaliza en Francia

Cuando las noticias de la insurrección de los esclavos empezaron a llegar a Francia, la burguesía marítima comenzó a preocuparse realmente. Las diferentes fracciones del movimiento revolucionario francés debatían acerca de cómo solucionar el problema colonial y qué tantos derechos otorgar a los esclavos negros y a los mulatos.

En Saint-Domingue, los grandes plantadores blancos eran, como explicamos anteriormente, partidarios de la ruptura con el lazo colonial o del fin del monopolio comercial. Frente al gobierno revolucionario de París, que mantenía el proteccionismo, el Saint-Domingue blanco se volcaban hacia la contrarrevolución monárquica. Así, los blancos comenzaron a organizar conspiraciones en apoyo del rey de Francia contra la revolución burguesa.

Frente a esto, la burguesía marítima francesa comenzó a mirar a los mulatos como posibles aliados, ya que no solo apoyaban a Francia, sino que defendían también el sistema esclavista.

Al tratar de conseguir este apoyo, el 4 de abril de 1792 la Asamblea Legislativa de Francia sancionó el decreto que reconocían plenos derechos políticos para los «hombres de color». Este decreto generó, al menos durante un tiempo, el apoyo de los mulatos al gobierno revolucionario de la metrópoli. Pero ¿esta nueva legislación incluía a los esclavos negros? Sobre este punto, no se dijo ni una palabra.

Por otro lado, para terminar con los conflictos entre los plantadores y los mulatos y para suprimir la rebelión de los esclavos, las autoridades de París enviaron nuevamente comisarios a la colonia al mando de seis mil soldados. A la cabeza de los comisarios estaba Leger-Félicité Sonthonax (1763-1813), un jacobino del ala derecha, que pretendía llevar la revolución burguesa a la colonia y hacer valer el decreto del 4 de abril.

Los mulatos apoyaron rápidamente a Sonthonax, quien reconoció sus derechos, apoyó sus reclamos y reorganizó el gobierno para incluir en su consejo a mulatos y negros libres.

Mientras tanto, a comienzos de octubre de 1792, llegaron a la colonia las noticias de lo ocurrido en agosto: el asalto al Palacio de las Tullerías, donde residía el rey en París. Las masas de trabajadores y campesinos se habían levantado en armas para expulsar a la contrarrevolución del suelo francés y el rey había sido suspendido.

En su ataque a la monarquía, las masas se pronunciaban contra toda forma de opresión y explotación, incluyendo la esclavitud. La nueva Convención Nacional debatiría bajo esta influencia la cuestión colonial.

En septiembre de 1792 se proclamó la República Francesa, abriendo una fase de radicalización de la revolución.

En Saint-Domingue, el numeroso ejército francés, al mando del comandante Étienne Laveaux, obligaba ahora a los rebeldes, mulatos y negros, a retroceder a sus posiciones anteriores. Cientos de ex esclavos eran vencidos y expulsados hacia las montañas, mientras miles de hambrientos suplicaban que los devolviesen a las plantaciones.

Pero cuando a comienzos de 1793 se preparaba el ataque final contra los rebeldes, el comisario Sonthonax ordenó a Laveaux que se retirara. ¿Por qué? En Europa recrudecía la guerra. España, Inglaterra y Holanda se sumaban a Austria y Prusia en su lucha contra la República Francesa.

Laveaux fue llamado entonces a defender las costas de Saint-Domingue contra posibles ataques extranjeros, dejando el frente interno para más adelante. Frente a esta situación, la ola revolucionaria comenzó a propagarse nuevamente por la llanura norte y Toussaint Louverture empezó a reorganizar su ejército.

La abolición de la esclavitud

Temiendo perder su poder y las riquezas que provenían de las colonias, la república de Francia se negaba a reconocer la igualdad de los negros, y por ende, su condición de personas.

En este contexto, los ex esclavos aceptaron el ofrecimiento español de luchar contra la República Francesa a cambio de lograr ciertos derechos igualitarios. Así, los dirigentes Jean-François, Biassou, Henri-Christophe, Jean-Jacques Dessalines y Toussaint Louverture se unieron a los ejércitos españoles que atacaban al ejército francés desde Santo Domingo, la parte oriental de la isla.

Toussaint, ahora aliado de los españoles, seguía agrupando a los negros bajo el lema de la libertad y la igualdad para todos, mientras hacían proclamas públicas en las que llamaba a sus hermanos a luchar.

Mientras tanto, el comisionado Sonthonax, apoyándose en los mulatos, gobernaba con mano dura el norte de Saint-Domingue, deportando a todos los contrarrevolucionarios partidarios del retorno de la monarquía.

Los grandes blancos, acorralados por los mulatos, los negros y el gobierno francés, se reorganizaron en defensa de su propiedad y su riqueza. Cuando el rico propietario de esclavos François-Thomas Galbaud llegó a Le Cap como nuevo gobernador, los grandes blancos vieron la oportunidad de lanzar su ataque. Galbaud desembarcó con un gran ejército y junto con las tropas de los plantadores logró expulsar de la ciudad a los comisarios y sus fuerzas.

Frente a esta victoria contrarrevolucionaria, Sonthonax, desesperado, ordenó que se entregasen armas y municiones a todos los esclavos y prisioneros de Le Cap, y prometió perdón y libertad para todos los esclavos rebeldes que rodeaban la ciudad si luchaban por la república. Era la única posibilidad de salvar la colonia.

Como una marea, unos diez mil negros bajaron de las montañas y arrasaron con los ejércitos de Galbaud; ocuparon la ciudad el 21 de junio de 1793.

El ejército popular saqueaba y destruía las propiedades de los grandes blancos mientras estos huían, amontonándose en los barcos que los llevarían hacia Estados Unidos, Cuba y otras regiones vecinas.

Sin embargo, luego de expulsar a los aproximadamente diez mil propietarios blancos, los ex esclavos negros volvieron a las colinas y a sus nuevos aliados españoles, argumentando que no reconocían la autoridad del comisario francés. Habían hecho una impresionante demostración de fuerza y ahora, más conscientes, no estaban dispuestos a confiar solo en la palabra de un delegado del gobierno metropolitano.

Cada vez más y más esclavos se rebelaban y se unían a las tropas de quienes luchaban por su libertad.

En esta situación, acosado por enemigos internos y externos y como último recurso para intentar conseguir el apoyo de los negros hacia la república, Sonthonax abolió la esclavitud en la colonia de Saint-Domingue el 29 de agosto de 1793.

Sin embargo, no sería tan simple. A pesar de todos los deses-
perados intentos de Sonthonax y de Laveaux, Toussaint no se unía
a los franceses. Con mayor experiencia política, el dirigente rebelde reclamaba garantías al gobierno de la república: el Estado debía reconocer el decreto de abolición.

El comandante podía esperar, el ejército negro crecía rápidamente en número y en calidad. Incluso muchos de los oficiales
blancos, influidos por las ideas de la propia revolución, deserta-
ban del ejército francés y se unían a las tropas de Toussaint en
nombre de la igualdad y la libertad. Además, cada destacamento
vencido prefería incorporarse a este ejército que ser masacrado
por él.

La invasión inglesa

Los grandes comerciantes ingleses habían previsto que apode-
rarse de esta colonia les permitiría tener el monopolio de la producción y venta del azúcar, el añil, el algodón y el café. Ahora,
aprovechando el momento de debilidad de Francia, Gran Bretaña
decidió invadir Saint-Domingue.

Así, a mediados de 1793, las expediciones británicas desembarcaron en diferentes puntos de la isla, encontrándose con que
todo el Saint-Domingue de los propietarios blancos salió a darles
la bienvenida a estos defensores de la esclavitud.

Por otro lado, exceptuando a algunos jefes militares como Rigaud y Beauvais, que permanecieron fieles a la república, los plantadores mulatos de la provincia occidental también optaron por
defender su propiedad y la fuente de su riqueza: la esclavitud.

De esta forma, los británicos encontraron solo la resistencia de
los ejércitos leales a Sonthonax, por lo que pudieron ocupar rápidamente buena parte de la costa, el occidente, gran parte del sur
y la importante fortaleza de Môle Saint-Nicholas.

Hacia comienzos de 1794 los ingleses avanzaban por el Caribe y en pocos meses habían tomado otras colonias francesas como Martinica, Santa Lucía y Guadalupe.

En Saint-Domingue, frente a los ataques simultáneos de los ingleses y los españoles, Sonthonax se veía acorralado en Le Cap.

Debido al bloqueo marítimo inglés, el comisionado francés tenía pocas posibilidades de recibir refuerzos desde Europa y contaba solo un reducido número de pequeños blancos republicanos, más las fuerzas mulatas de Rigaud y Bauvais.

Los jacobinos
sancionan la abolición de la esclavitud

Con un ejército de unos cuatro mil hombres, Toussaint controlaba en los primeros meses de 1794 todo el cordón occidental, el territorio desde la colonia española hasta el mar, aislando la provincia del norte de la occidental y del sur.

A pesar de ser oficial español y aliado de los ingleses, Toussaint era consciente de que una vez que los ingleses tomaran control sobre la colonia, los proyectos abolicionistas británicos caerían en el olvido. Sin embargo, tampoco podía volver a las filas francesas hasta que el gobierno de la república no convalidara la abolición de la esclavitud que, decretada solo por Sonthonax, carecía de valor.

En Francia, liderados por Robespierre, apoyados e impulsados por las masas de trabajadores, los revolucionarios jacobinos habían logrado sancionar una nueva constitución democrática y radical en 1793. Esta incluía el sufragio universal, el derecho a la insurrección, al trabajo y al alimento, y la declaración oficial de que la finalidad del gobierno era lograr el bien común. Además, los jacobinos abolían sin indemnización los derechos feudales que todavía existían. Sin embargo, nada habían decretado aún sobre la esclavitud.

Solo cuando el país estuvo firmemente gobernado, los ejércitos extranjeros rechazados y la situación económica medianamente equilibrada, la Convención miró hacia las colonias. Recuperando lo mejor de las ideas de la Ilustración y haciendo valer en la práctica la Declaración de los Derechos del Hombre, el 4 de febrero de 1794 la Convención Nacional Francesa declaró abolida la esclavitud en todas las colonias francesas.

La noticia llegó a Saint-Domingue en mayo. Inmediatamente, Toussaint comunicó a Laveaux que estaba dispuesto a unirse a los ejércitos de la república.

La
guerra
revolucionaria

La campaña de Toussaint Louverture

Nombrado brigadier general, Toussaint convenció a todos sus soldados de que abandonaran las filas españolas y pelearan por la república francesa contra Inglaterra.

Así, con sus tropas, Toussaint reconquistó la provincia del norte y capturó varias posiciones de los británicos, invirtiendo totalmente la relación de fuerzas entre franceses e ingleses. El ejército popular negro de cinco mil hombres pasó a ser el elemento crucial de la revolución que defendería las promesas de libertad e igualdad de la República.

La alta oficialidad estaba también compuesta por ex esclavos: Dessalines, Christophe, el hermano de Toussaint, Paul Louverture y Moïse, adoptado por Toussaint como su sobrino.

A pesar de la falta de comida y de municiones, la moral revolucionaria alimentaba al ejército que se incrementaba con cada batalla. Durante estos años, los ex esclavos fueron depositando su confianza en el hombre que luchaba contra la esclavitud. Provisto de la autoridad que emanaba de esta lucha, Toussaint consolidó su poder como dirigente en toda la colonia.

Por otra parte, la incesante actividad de Louverture en defensa de los intereses de la población trabajadora, analfabeta y hambrienta lo impulsó también a tratar de reorganizar la actividad de la colonia.

Mientras expulsaban a los británicos, era necesario reconstruir la agricultura. Para ello, Toussaint impuso el trabajo a los antiguos esclavos, ahora, a cambio de un salario. Todos, propietarios o no, fueron asignados a plantaciones. Pero la administración requería ciertos conocimientos que estaban en manos de los blancos, a quienes se les habían confiscado las propiedades. Toussaint ordenó entonces la restitución de sus propiedades a algunos de los antiguos *grandes blancos* que le habían solicitado permiso para poder regresar a sus tierras.

De esta forma, los ex esclavos que no formaban parte del ejército volvieron al trabajo en las plantaciones, bajo las órdenes de los antiguos amos. El descontento entre algunos de los trabajadores no tardaría en llegar.

Mientras tanto, Louverture derrotó a sus antiguos compañeros Biassou y Jean-François, que habían permanecido en las tropas españolas, y en octubre de 1795 sus victorias militares impulsaron el acuerdo de paz de Basilea. A través de este tratado, España entregó a Francia la parte oriental de la isla.

Por otro lado, la fiebre amarilla estaba acabando con millares de soldados británicos. Sin embargo, siempre llegaban más refuerzos y más dinero para generar intrigas y comprar lealtades, lo que complicaba las operaciones militares.

En el sur, el general mulato Rigaud proseguía su campaña contra los británicos al mando de un ejército de cinco mil hombres. También respondía a la autoridad de Toussaint, que era ya un indiscutido dirigente político y militar a nivel nacional.

La propiedad: ¡otra vez!

La mayor parte de los ricos mulatos de la provincia occidental apoyaban permanentemente a los británicos, a quienes veían como posibles garantes de su propiedad y del sistema esclavista. No era una cuestión étnica lo que impulsaba a los mulatos en su lucha contra los negros y contra la república francesa: los mulatos eran en su mayoría propietarios de plantaciones y aspiraban a seguir explotando a los esclavos. Eliminados los grandes plantadores blancos, los mulatos se transformaron en los defensores de la propiedad y planteaban lo necesario que era la independencia de la colonia frente al ejército de Toussaint, que defendía esencialmente a los trabajadores negros. Para estos últimos, la independencia equivalía, en este momento, al dominio de los propietarios mulatos, blancos y pro británicos; y por ende, al retorno a la esclavitud.

Por ese entonces, el general Laveaux afirmaba: «Los líderes de origen esclavo son ahora el sostén de la libertad y la República. Tengo el firme convencimiento de que sin ellos se habría generado ya un amplio movimiento a favor de la independencia» (James, 2001).

Mientras continuaba la guerra contra los ingleses, el comandante mulato Villate intentó realizar el deseo de los propietarios mulatos: encabezó una rebelión con vistas a lograr la independencia. A comienzos de 1796, Villate ocupó la ciudad de Le Cap, se apoderó del gobierno y apresó al general Laveaux, quien estaba momentáneamente a cargo del gobierno de la colonia.

Cuando las noticias llegaron a oídos de Toussaint, este se puso al frente de un poderoso ejército y marchó hacia Le Cap, apoyado por las tropas de Dessalines. Al llegar Louverture, los habitantes de la ciudad salieron en masa a las calles para defender al gobernador y a la república; el ejército leal aplastó rápidamente a Villate, después de liberar al gobernador. Los líderes mulatos fueron deportados.

Luego de esta imponente victoria, el 1ro. de abril, Toussaint fue nombrado Teniente Gobernador de un estado colonial dentro del Imperio Francés. El objetivo de Toussaint era, como había intentado hacerlo antes, restaurar la prosperidad en la isla, pero sin la utilización de trabajo esclavo. Sin cambiar el sistema de haciendas, proyectaba sustituir la esclavitud por el método de contratar mano de obra bajo la supervisión de la *gendarmérie*.

La república francesa contra los mulatos

En julio de 1794, los jacobinos habían sido derrocados por un golpe de estado. Robespierre y otros dirigentes revolucionarios habían sido ejecutados. La contrarrevolución avanzaba ahora en Francia.

Con el golpe del 9 de Thermidor, la cúpula de la burguesía francesa derrotó a las masas, y a medida que ganaba posiciones, los antiguos propietarios de esclavos iban reapareciendo. La abolición de la esclavitud podría peligrar con la nueva república, ahora gobernada por un Directorio.

La burguesía marítima y los colonos clamaban por restaurar el orden; las fuerzas reaccionarias coloniales estaban fortaleciéndose en París.

Preocupado por la insurrección mulata y por el poder de Toussaint, el nuevo gobierno francés envió una comisión que llegó a Le Cap en mayo de 1796. Sonthonax, que había sido llamado a París tras la caída de Robespierre, fue nuevamente enviado a pacificar la colonia. Al mando de mil doscientos hombres bien pertrechados, se dispuso a mantener a los mulatos bajo control.

Como dijimos, Toussaint se había convertido en un dirigente revolucionario nacional. Su responsabilidad y su figura habían crecido como símbolo y exponente de su clase. A pesar de que esto no agradaba al gobierno francés, este necesitaba el apoyo de los ex esclavos negros no solo contra los ingleses, sino también contra la amenaza de independencia de los mulatos.

Sonthonax se dispuso entonces a terminar con las insurrecciones que se sucedían en la colonia mientras el Directorio refrendaba el nombramiento de Toussaint Louverture como general de división, y de otros ex esclavos como generales de brigada.

En el sur, el mulato Rigaud, fiel a la república francesa, continuaba luchando contra los ingleses con un ejército de seis mil hombres, mientras miles de obreros negros eran confinados a trabajar en la agricultura. Si bien no había estrictamente esclavitud, los oficiales de la región eran inflexibles con los trabajadores negros.

Así, prosperaban en el sur las plantaciones que eran propiedad de los mulatos. Paralelamente, las cárceles del sur estaban pobladas de blancos y de prisioneros negros. Esta situación alimentaba los rumores de que, en el sur, los mulatos no respondían al gobierno francés.

A pesar del desacuerdo de Toussaint con estas medidas, Sonthonax siguió con las órdenes recibidas en París y envió al sur a una comisión para que tomara el control del ejército mulato de Rigaud.

En un principio, el general recibió amablemente a los delegados del comisario, a pesar de sus provocaciones. Pero cuando estos comenzaron con los arrestos, estalló la insurrección. Los soldados europeos y la Guardia Nacional permanecieron fieles a los delegados del gobierno, pero todos los mulatos y algunos negros se sumaron a las tropas rebeldes de Rigaud, que mataron a centenares de blancos. Los representantes del estado francés no lograron imponer su autoridad en esa región.

Pese a algunos intentos de conciliación, se produjo una fractura insalvable entre los dirigentes mulatos del sur y el gobierno de la colonia.

No obstante, durante los últimos meses de 1796 y a comienzos de 1797, Rigaud, anticipando futuros conflictos, mantuvo un fluido contacto con Toussaint, para estrechar su vínculo con los ex esclavos.

La reconstrucción económica. Volver al trabajo

Mientras Francia intentaba negociar con los ingleses, el comisionado Sonthonax trataba de reconstruir y reorganizar la vida y la producción en la colonia.

Con una política favorable a los negros, continuó con el conjunto de medidas implementadas por Toussaint. Se esforzó por inculcar la obligación del trabajo, aunque sin ningún tipo de coacción física y prohibió rigurosamente cualquier tipo de castigo en las plantaciones.

Para desterrar el miedo de los ex esclavos, se hizo público un comunicado en el cual se informaba que se consideraría traidor y sería castigado todo aquel que propagara rumores sobre la vuelta a la esclavitud. Además, Sonthonax abolió las restricciones contra los morosos y liberó a los deudores.

Para estimular la vuelta al trabajo de los antiguos esclavos, en la llanura del norte los generales empezaron a emplear el sistema de otorgar una cuarta parte de la producción a los que se convirtieran en campesinos. El gobierno implementó este principio para explotar las plantaciones.

El propio Toussaint estimuló a sus generales para que utilizaran este sistema en las diferentes haciendas. El general Dessalines, por ejemplo, llegó a tener treinta plantaciones bajo su administración.

De esta forma, la ciudad de Le Cap fue parcialmente reconstruida y la agricultura comenzaba poco a poco a recuperar su impulso. Sin embargo, la guerra todavía no había terminado, aún faltaba mucho camino por recorrer.

Defender la libertad

Toussaint Louverture en el poder

En Francia, el Directorio estaba perdonando a los contrarrevolucionarios monárquicos, prometía a los emigrados la devolución de sus derechos en las colonias y culpaba a Sonthonax y Laveaux de fomentar el «espíritu de insubordinación» entre los negros de Saint-Domingue.

Toussaint, consciente de que el avance de la reacción sobre la colonia podía implicar el retorno a la esclavitud, envió una carta al Directorio en la que juraba que prefería enterrarse «bajo las ruinas de un país en el que vuelve alentar la libertad antes que sufrir el retorno a la esclavitud». Y luego se preguntaba: «¿Creen que los hombres que han conocido la bendición de la libertad se quedarán de brazos cruzados viendo cómo se la arrebatan? [...] Si tuviesen mil vidas, las sacrificarían todas antes que verse sometidos de nuevo a la esclavitud. [...] hemos sabido cómo enfrentarnos al peligro para obtener la libertad; sabremos afrontar la muerte para defenderla» (James, 2001: 187-189).

Toussaint, esclavo tan solo seis años atrás, encarnaba en esta carta la determinación de un pueblo a no dejarse esclavizar jamás.

Era necesario garantizar la libertad y Sonthonax, fiel a sus principios, estuvo de acuerdo en legalizar el poder de Toussaint en el gobierno. El 2 de mayo de 1797, con una impresionante ceremonia, Louverture, un ex esclavo, fue nombrado Comandante en Jefe y Gobernador de Saint-Domingue por el comisionado francés.

Un mes más tarde, el Directorio decidió la destitución de Sonthonax, luego de afirmar uno de sus representantes que la única salvación de Saint-Domingue y de los blancos era un régimen militar. Al mismo tiempo, el gobierno de París se aprestaba a firmar la paz con Inglaterra, lo que le permitiría dedicarse completamente a «poner orden» en la colonia.

La expulsión de los ingleses

Tras el regreso a Francia de Sonthonax y Laveaux, el gobernador Louverture se preparó para expulsar a los ingleses de Saint-Domingue. Los británicos ya habían perdido ochenta mil hombres y aproximadamente un millón trescientas mil libras en el intento de conquistar la isla. Toussaint organizaba la campaña final con su disciplinado ejército popular negro y la colaboración de los ejércitos del sur, comandados por Rigaud.

Luego de siete victorias arrolladoras de Toussaint, los ingleses procedieron a evacuar totalmente la provincia occidental al tiempo que pedían una tregua el 31 de agosto de 1798.

De esta forma, «campesinos negros recién salidos de la esclavitud y mulatos leales al mando de sus propios oficiales inflingieron a los ingleses la derrota más severa sufrida por una expedición militar británica desde los tiempos de la reina Isabel hasta la Primera Guerra Mundial» (James, 2001: 143).

En ese momento, arribaba al Santo Domingo español el general Hédouville, comisionado del Directorio para la colonia. El nuevo emisario había recibido la orden de mantener bajo control los poderes de Louverture hasta que pudieran enviar tropas de Francia.

La entrada triunfal del ejército negro a Port-Republicain (actual Puerto Príncipe) fue majestuosa. Los trabajadores negros, y también muchos blancos de buena posición, saludaron con vivas a su libertador. Toussaint elaboró entonces un ambicioso y conciso discurso en el que advertía tanto a las masas y como a Hédouville, diciendo:

> La libertad sin trabas de que gozará el trabajador, la recompensa que la ley concede a su trabajo, lo mantendrá ligado a la tierra que cultiva. La era del fanatismo ha terminado. El reinado de la ley ha sucedido al de la anarquía [...]. Con la sabiduría que da la experiencia, el Directorio ha enviado a esta tierra a un único agente, elegido entre los ciudadanos más dignos de confianza. La gloria que ha adquirido con justicia en Europa, las virtudes que lo caracterizan, son la garantía de nuestra felicidad. Ayudémoslo en su importante misión con una obediencia absoluta, y mientras siembra las semillas de la felicidad que tiene en mente, yo velaré por vuestra seguridad, vuestra tranquilidad y vuestra felicidad, mientras vosotros respetáis los solemnes votos de permanecer fieles a Francia, observar su Constitución y respetar sus leyes [...] (James, 2001: 196-197).

Se esboza la idea de la independencia

Al tiempo que se retiraban de la isla, los generales ingleses firmaron con Toussaint un tratado secreto en el que renunciaban a su presencia militar y establecían ciertas concesiones comerciales. Mientras tanto, el enviado especial británico le propuso al general negro que declarara la independencia de la colonia bajo la protección de Inglaterra, pero este se negó. Toussaint permanecía leal a Francia en tanto esta nación le asegurara la libertad de los trabajadores.

Sin embargo, frente a las permanentes provocaciones de Hédouville, que desautorizaba e ignoraba a Toussaint, este decidió una astuta jugada en la que demostraría su capacidad de conducción y la imposibilidad de que los franceses gobernaran sin el consenso del líder popular.

Luego de licenciar a gran parte de sus tropas, Toussaint presentó al agente francés su renuncia como comandante en jefe. En una extensa carta, aceptaba la subordinación al agente francés y manifestaba su deseo de retirarse.

Mientras negociaba con el Directorio la sustitución de Toussaint y otros generales por tres militares blancos, Hédouville intentó implantar un sistema por el cual los propietarios de plantaciones tenían el derecho de retener en sus haciendas a los trabajadores durante seis o nueve años en calidad de aprendices.

El restablecimiento del «orden», de la producción y del comercio que tanto habían enriquecido a la burguesía francesa era imposible sin el uso de la fuerza. Era necesario, si no se podía volver a la esclavitud, por lo menos imponer disciplina a estos ex esclavos y forzarlos a convertirse en obedientes trabajadores.

Para ello, en un clásico movimiento contrarrevolucionario, Hédouville intentó desarmar al pueblo: disolvió las tropas negras y confió la vigilancia costera a soldados blancos. Sin las armas, los ex esclavos quedarían a merced de los plantadores.

El representante del Directorio comenzaba a mostrar las verdaderas intenciones de la metrópoli. Las aguas empezaban a agitarse y la tensión era tal que se esperaba una insurrección en cualquier momento. Hédouville era incapaz de controlar los conflictos que surgían entre los trabajadores, los soldados, los mulatos, los funcionarios, etcétera, y el pueblo no estaba dispuesto a dejarse oprimir nuevamente.

En ese contexto, se produjo un incidente: las tropas del comandante Moïse, sobrino de Toussaint, fueron atacadas por la Guardia Nacional y un destacamento de tropas europeas, matando a varios oficiales negros, capturando a otros y persiguiendo al propio Moïse.

Toussaint decidió que era tiempo de reafirmar su autoridad y ordenó a Dessalines que marchase con sus tropas sobre Le Cap y arrestase a Hédouville, mientras Moïse alzaba a los trabajadores de la llanura del norte.

La victoria del ejército popular fue arrolladora. Mientras se desarrollaba el combate en la ciudad, el agente francés huía en un barco a Francia junto con unos mil funcionarios blancos y mulatos. Los trabajadores de Le Cap se lanzaron nuevamente a las calles para recibir eufóricos a Toussaint y sus tropas.

Poco a poco, se iba haciendo evidente que la independencia de Francia era necesaria si se pretendía sostener la libertad del pueblo.

Sin plantearlo abiertamente todavía, luego de la fuga de Hédouville, Toussaint sostenía: «Hédouville ha difundido el rumor de que volvió a Francia en busca de refuerzos [...]. Yo no quiero combatir con Francia, he preservado este país para Francia hasta el día de hoy, pero si viene a atacarme, me defenderé» (James, 2001: 210).

La huida de los mulatos

Como no pudo conquistarla, Inglaterra seguía promoviendo la independencia de la isla para poder establecer relaciones comerciales directamente y obtener de todos modos beneficios económicos. Al mismo tiempo, Toussaint, ahora máxima autoridad indiscutida de Saint-Domingue, firmaba acuerdos comerciales con el gobierno de los Estados Unidos y con empresas como la John Hollingsworth and Co. Frente a esta competencia, los británicos amenazaron con bloquear la isla si no se les concedía el permiso para que sus barcos ingresaran también en el puerto de Le Cap. De eso se trataba todo: competencia por los mercados. Ingleses y norteamericanos derrochaban halagos hacia Toussaint, con tal de que este les asegurara cierta exclusividad comercial.

Estos acuerdos alarmaban y enfurecían a la gran burguesía francesa. En su nombre, el general Napoleón Bonaparte (1769-1821), había encabezado en 1799 un golpe de estado en Francia.

Con su famosa frase: «La revolución ha muerto», el nuevo Cónsul de Francia anunciaba también a Saint-Domingue que debía volver a su antiguo *status*, garantizando el acceso de los burgueses a su riqueza, igual a dos tercios del ingreso colonial francés.

Sin embargo, Napoleón no contaba todavía con la fuerza suficiente para atacar abiertamente a Toussaint y restaurar el poder absoluto sobre la colonia. Las guerras en Europa le impedían enviar la necesaria cantidad de tropas.

Por ello, en París, Hédouville convencía a las autoridades de que la única forma de no perder la colonia era lograr que los ejércitos mulatos se enfrentaran a los ejércitos de Toussaint.

A pesar de que Rigaud y Toussaint habían acordado que se apoyarían frente a cualquier intento de enemistarlos, el general mulato quedó, tal vez inconscientemente, subordinado a los intereses de la gran burguesía francesa.

Los mulatos, como clase intermedia, eran inestables políticamente y su identidad racial se confundía constantemente con su identidad de clase. En tanto hijos de esclavas negras, tendían a apoyar a los negros en su lucha por la libertad; en tanto propietarios de plantaciones y de esclavos, se aliaban con los blancos y eran fieles ahora a la nación que les garantizaba su posición social.

Aunque los intereses de clase estan teñidos de luchas facciosas, alimentadas por la costumbre, la educación y tradición cultural, fue la identidad de clase la que finalmente predominó, porque era en esencia lo que estaba en juego para los mulatos.

Frente a la posibilidad de la independencia, Rigaud se dispuso a defender el lazo colonial. Con un ejército de unos ocho mil hombres, los mulatos se rebelaron contra Toussaint y en febrero de 1799 volvió a estallar la guerra. El general Dessalines fue enviado al sur y Louverture se dirigió al norte para contener a los rebeldes.

Coaligando sus tropas, Toussaint, Dessalines, Christophe y otros jefes lograron un triunfo decisivo el 1ro. de agosto de 1800.

Esta vez, fueron miles de mulatos los que huyeron en barcos hacia Cuba y Francia. Muchos de ellos, como otros plantadores blancos antes, se llevaron incluso algunos esclavos en su huida.

A pesar de la victoria, el comandante Dessalines anticipaba a su tropa que aún quedaban más batallas por enfrentar: «La guerra que habéis ganado fue una guerra de nada, pero aún os quedan dos más, mucho mayores. Una es contra los españoles, que se niegan a entregar sus posesiones y han ofendido a vuestro valiente comandante en jefe; la otra es contra Francia, que intentará volver a convertiros en esclavos tan pronto como haya acabado con sus enemigos. Venceremos en ambas guerras» (James, 2001: 226).

El ejército popular conquista toda la isla

Bonaparte había enviado a Saint-Domingue una nueva comisión compuesta por Vincent, Raimond y el general Michel. Además, como había aconsejado Hédouville, confirmó por el momento a Toussaint en su puesto de comandante en jefe y gobernador, pero evitó cuidadosamente aliarse con él.

Al mismo tiempo, el nuevo Cónsul de Francia envió una carta a los ciudadanos de la colonia para informarles que se les garantizaría su libertad. Sin embargo, también les notificaba que según la nueva constitución que tenían los franceses, las colonias dejarían de estar representadas en el Parlamento francés, aunque seguirían gobernadas por «leyes especiales».

Como era evidente, Toussaint no podía confiar en las promesas del gobierno francés, que intentaba imponer su hegemonía en Europa y recuperar el dominio total sobre sus colonias en Asia, África y América. Bonaparte enviaría seguramente sus ejércitos para garantizar las «leyes especiales». Por ello, Louverture necesitaba crear en el sur un ejército leal que estuviera preparado para un posible ataque francés.

Con la victoria de agosto de 1800 sobre los mulatos, Toussaint se dispuso a reorganizar la producción. Como dijimos al principio, los negros no se habían rebelado por plantearse como objetivo la construcción concreta de una nueva sociedad. Luchaban por su libertad, y ahora era necesario asegurarla, garantizando su subsistencia y la creación de los recursos necesarios para abastecer al ejército revolucionario que enfrentaría a las temibles tropas francesas.

En esas condiciones, Toussaint no confiscó propiedades, ni siquiera de los emigrados. De esas plantaciones, una cuarta parte de los ingresos iría para los trabajadores, la mitad para el erario público y la cuarta parte restante para los propietarios. Así, a pesar del descontento de los mulatos que quedaban en el sur, Toussaint permitió que muchos emigrados blancos volvieran a Saint-Domingue y pudieran retornar a sus propiedades, con la diferencia de que ahora estas se hallaban bajo la dirección de los soldados revolucionarios.

Con el sur controlado, Toussaint debía asegurar la otra parte de la isla, que podía ser vulnerable en caso de que Francia enviara una expedición. Se lanzó entonces a la conquista del Santo Domingo español.

Luego del tratado de Basilea (1795), el gobierno de Francia había insistido en que la colonia de Santo Domingo solo debía ser entregada a un ejército francés compuesto por blancos, para evitar una expansión de la revolución hacia el este. Debido a las constantes guerras en Europa, Francia no había podido hasta entonces hacer efectivo el envío de este ejército. Sin embargo, como había previsto Toussaint, Napoleón se aprestaba ahora a usar como base a Santo Domingo.

El ejército negro avanzó entonces hacia el este y las tropas españolas fueron rápidamente derrotadas. El 21 de enero de 1800, el gobernador español transfería oficialmente el gobierno de la colonia a Toussaint Louverture, quien inmediatamente dispuso la abolición de la esclavitud en Santo Domingo.

Nuevamente, miles de grandes propietarios huyeron a Cuba, Venezuela y Puerto Rico.

Para lograr cierta conciliación, esta vez Toussaint nombró a un mulato como gobernador de la provincia oriental y a su hermano Paul Louverture como comandante de la guarnición de Santo Domingo. Finalmente, declaró una amnistía total en toda la isla.

El cónsul negro

Una vez unificada la isla, Toussaint se dispuso a reorganiza su administración.

Para mantener el ejército, reconstruir las ciudades, los caminos, comprar bienes necesarios, etcétera, era indispensable obtener un excedente que fuera comercializable. El azúcar y el resto de las materias primas, que como colonia producían aún, seguían siendo demandadas en el mercado mundial y eso permitiría generar la riqueza necesaria para reorganizar la sociedad. La base de su proyecto era la recuperación de la agricultura y para ello estableció un conjunto de leyes que regularan la producción.

El peligro era que los trabajadores, ahora libres, quisieran cultivar solamente una pequeña parcela para su autosubsistencia. Era necesario transformar a los ex esclavos en trabajadores libres para lograr la prosperidad de los cultivos.

Toussaint no permitió la disolución de las antiguas propiedades. En lugar de ello, aseguró un salario para los trabajadores y les asignó, como dijimos anteriormente, un cuarto de la producción. Los generales del ejército serían los encargados de administrar las diferentes jurisdicciones y de velar por el aumento de la productividad. El horario de trabajo era desde las cinco de la mañana hasta las cinco de la tarde, pero no se permitía ningún tipo de castigos físicos.

La mayoría de los ex esclavos tuvo que volver entonces al duro trabajo en las plantaciones. El pueblo estaba fuertemente disciplinado, el movimiento popular apoyaba incondicionalmente a Toussaint y tenía una enorme confianza en sí mismo. Habían derrotado a los colonos blancos, a los españoles, a los británicos y ahora eran libres. Pero muchos no comprendían por qué en este momento, después de tanto esfuerzo, tenían que volver a las barracas, a cortar caña, a sacrificarse de esa manera, bajo las órdenes de los antiguos plantadores o de los oficiales. Ciertos elementos contradictorios que existían en el mismo pueblo habían comenzado a emerger.

En el norte, grupos dirigidos por Moïse, descontentos con los favores otorgados por Toussaint a los plantadores blancos, se rebelaron para exigir que se les otorgaran pequeñas propiedades. Sostenían que no estaban dispuestos a trabajar para los blancos, aunque fuera por un salario, pues pretendían ser trabajadores independientes y completamente libres.

La insurrección fue reprimida y Moïse, el sobrino de Toussaint, fue fusilado, ningún tipo de indisciplina podía ser permitido y el intento de este grupo chocó con los estrechos límites de las posibilidades de ese momento histórico.

Por ese entonces, el grado de desarrollo económico y el grado de organización y conciencia de las masas distaba mucho del que hubiera sido necesario para establecer otras relaciones sociales.

En un momento en que se estaban imponiendo como dominantes a nivel mundial las relaciones capitalistas, los dirigentes revolucionarios de Saint-Domingue se planteaban la creación de una sociedad de trabajadores libres, de la única forma en que podían hacerlo.

Para reorganizar el nuevo Estado, Toussaint desarrolló en muy poco tiempo una intensa actividad. Dividió la isla en seis departamentos, y las fronteras que trazó entonces son las que perduran hasta hoy. Creó juzgados de paz ordinarios y dos tribunales administrativos, uno para la parte francesa y otro para la española. También creó un Tribunal Supremo de Justicia con sede en la capital y tribunales militares especiales para tramitar delitos de robo y bandolerismo en las carreteras y normalizó las finanzas y organizó una policía marítima para combatir el contrabando.

En cuanto al comercio exterior, el nuevo gobierno quebró *de facto* el monopolio francés al estimular el libre comercio con Inglaterra y, sobre todo, con Estados Unidos, disminuyendo a un diez por ciento el impuesto a las importaciones y luego al seis sobre los artículos de primera necesidad. Además, aconsejado por el cónsul norteamericano, Toussaint disminuyó del veinte al diez por ciento el impuesto a los bienes inmuebles y luego lo eliminó por completo.

Por otro lado, para terminar con los altos niveles de analfabetismo que había entre la población, se abrieron escuelas públicas en todo el territorio. Además, se levantó un monumento conmemorativo a la abolición de la esclavitud.

Ejerciendo un estricto control y supervisando personalmente las obras, los cultivos y la administración, el nuevo gobernador dio los primeros pasos para fomentar la industria nacional.

Finalmente, el 9 de julio de 1801 se convocó una Asamblea Constituyente que aprobó la primera Constitución de la isla unificada. La esclavitud quedaba abolida definitivamente y el pueblo intentaba institucionalizar sus derechos. Todas las personas, independientemente de su color, tendrían derecho a ocupar todo tipo de empleos sin más distinción que sus virtudes y talentos. Atacando una de las bases del orden social esclavista, la iglesia quedaba estrictamente subordinada al Estado, y se garantizaba la tolerancia religiosa.

Por otra parte, en uno de los artículos se preservaban los derechos de todos los propietarios ausentes de la colonia. La

Constitución, pese a jurar respeto a Francia, excluía la presencia de cualquier funcionario francés. Al aprobar esta Constitución, que lo nombró Gobernador vitalicio (con poder para nombrar a su sucesor) sin consultar a Francia, Toussaint estaba de hecho implantando la autonomía política, aunque no lo declarara explícitamente.

Además de establecer acuerdos comerciales con las potencias extranjeras, de administrar y gobernar el territorio, ahora el pueblo de Saint-Domingue sancionaba sus propias leyes. De ahí a la independencia no faltaba más que la proclamación formal de la ruptura con el nexo colonial.

La guerra
de
independencia

El ejército de Napoleón Bonaparte

El 14 de diciembre de 1801, Bonaparte envió una expedición de veinte mil hombres a Saint-Domingue, al mando de su cuñado, el general Victor Emmanuel Leclerc (1772-1802). En la expedición viajaban también Pauline Bonaparte y varios de los antiguos jefes mulatos: Rigaud, Villate, Pétion y Jean-Pierre Boyer (1776-1850) que se habían exiliado en Francia.

Las instrucciones secretas que Leclerc había recibido de Bonaparte estipulaban que en un primer período se harían a Toussaint las más amables promesas y se confirmaría en sus grados a todos los oficiales negros. Luego se perseguiría a muerte a todos los rebeldes, conservando en sus rangos a los oficiales si fuera necesario. En una tercera etapa se embarcaría a todos los generales, Toussaint, Dessalines, etcétera, a Francia, donde serían encarcelados.

Sin embargo, el avance de la contrarrevolución en Francia demostraba que cualquier expedición francesa tendría por objetivo el restablecimiento de la esclavitud. Por ende, Toussaint y el pueblo se preparaban para la inevitable guerra.

Para demostrar que no tenía otro interés más que defender la libertad del pueblo, el gobernador Louverture compró treinta mil rifles a los Estados Unidos y con ellos armó a los trabajadores que no formaban parte del ejército. Preparándose para las próximas batallas, Toussaint y sus generales ocultaron depósitos de armamentos y municiones en el interior del territorio, y comenzaron a reclutar soldados y darles instrucción militar.

Fue nuevamente la posibilidad de perder la libertad lo que volvió a unificar a todos los grupos, más allá de sus disputas, en su lucha contra la opresión.

El 29 de enero de 1802, la mitad de la flota del general Leclerc arribó a una de las bahías de la parte este de la isla, el resto lo haría unos días después a Le Cap-Français. La guerra llegaba al final.

Las noticias del restablecimiento de la esclavitud por los franceses en Martinica y en Guadalupe enfurecieron a los negros, motivando una mayor y tenaz resistencia.

El general Leclerc tomó posesión de las costas y atacó las principales ciudades; algunos pobladores, funcionarios civiles, mulatos y negros que habían sido libres antes de la revolución, salieron a recibir alegremente a estos franceses que venían a «restablecer el orden».

Primeros combates y victorias francesas

La táctica de Toussaint consistía en eludir toda batalla campal, quemando el suelo bajo las propias plantas del enemigo para atraerlo al terreno donde tuvieran más dificultades.

En Le Cap, el general Henry Christophe, tras recibir los informes sobre la caída de Fort Liberté, se dirigió a la población para que evacuase la ciudad. Hombres, mujeres y niños marcharon penosamente hacia las montañas. Luego del éxodo, Christophe y su tropa incendiaron la ciudad y se retiraron también, dejando solo ruinas. Cuando el general Leclerc desembarcó, solo encontró brasas y cenizas.

Sin embargo, la presencia de ex jefes militares mulatos y la imponente magnitud de los ejércitos franceses generaron confusiones y deslealtades entre algunos oficiales revolucionarios.

Tras encarnizados combates, y una feroz resistencia del general Maurepas, los franceses lograron tomar la capital, Port Républicain, con todos los suministros intactos, incluyendo el tesoro público, por valor de dos millones y medio de francos.

El Santo Domingo español, que era defendido por las tropas al mando de Paul Louverture también cayó bajo dominio francés luego de que varios de los jefes cambiaran de bando.

En la costa norte, Dessalines era el único que había logrado garantizar su posición, siendo Saint-Marc la única ciudad que permanecía en manos de los ejércitos revolucionarios. El resto del litoral había caído. Buena parte del ejército se retiraba a las montañas para consolidar posiciones.

Toussaint, se preparaba y alistaba a los ejércitos para resistir. En una carta enviada a Dessalines daba las siguientes instrucciones para desgastar al enemigo:

> No olvides, mientras aguardamos la estación de las lluvias que nos librará de nuestros enemigos, que no tenemos más recursos que la destrucción y el fuego. Recuerda que el suelo regado por nuestro sudor no debe proporcionar sustento alguno a nuestros enemigos. Rompe a cañonazos los caminos; arroja todos los cadáveres de hombres y caballos a las fuentes [de agua], quémalo y arrásalo todo a tu paso para que los que han venido a esclavizarnos tengan delante de sus ojos la imagen del infierno que merecen (James, 2001: 278).

Con la mitad de su ejército perdido, Toussaint se retiró lentamente hacia las montañas. Había ocultado municiones en puntos estratégicos, para realizar ataques sorpresivos a las vanguardias de Leclerc hasta que llegara la estación de las lluvias, cuando los franceses seguramente caerían víctimas de la fiebre tropical.

Dessalines, mientras tanto, recorría la isla de punta a punta para intentar controlar el avance de los franceses. Mantuvo valientes e implacables batallas para defender Saint-Marc. Antes de ser finalmente derrotado, incendió también esa ciudad y se marchó en retirada, pero ya con la firme convicción de que la única opción para lograr la victoria era declarar definitivamente la independencia y expulsar a los franceses.

A pesar de varias derrotas, Toussaint, Christophe, Maurepas y Dessalines habían logrado mantener intacto el nudo interno de sus comunicaciones y podían intercambiar información. El ejército leal había combatido demostrando energía y capacidad. La lucha por la libertad y la igualdad proveía a este ejército revolucionario de una fuerza moral que les permitiría vencer a una fuerza muy superior en número.

La independencia como programa

Toussaint diseñó entonces una nueva estrategia. Intentaría lanzar una ofensiva contra Leclerc en el norte, mientras Dessalines mantenía la defensa de la fortaleza de Crête-à-Pierrot. Allí, luego de abatir al ejército francés, se dirigió a sus hombres y planteó por primera vez de manera explícita la necesidad de lograr la independencia. Según el historiador haitiano Paul Sannon, Dessalines alentó a su ejército diciendo:

> Tened valor, os lo repito, tened valor. Los franceses no podrán resistir mucho más tiempo en Santo Domingo. Lucharán bien al principio, pero pronto enfermarán, morirán como moscas. ¡Escuchad! Si Dessalines se rinde a ellos cien veces, cien veces lo engañarán. Repito, tened valor, y veréis que cuando su número mengüe los hostigaremos, los derrotaremos, incendiaremos las cosechas y huiremos a las montañas. No podrán dominar al país y tendrán que marcharse. Entonces os haré independientes. No habrá más blancos entre nosotros.

La fuerza moral de las tropas de Dessalines se multiplicaba. Cuando Leclerc avanzó sobre Crête-à-Pierrot sus tropas fueron atacadas y ochocientos franceses cayeron en un solo día. El propio Leclerc fue herido. A pesar de ser sitiadas por un ejército de doce mil franceses, las tropas de Dessalines no se rendían y para demostrarlo izaron banderas rojas en las esquinas de la fortaleza. Sin embargo, luego de varios días de asedio, Dessalines se vio obligado a ordenar la evacuación de la fortaleza, lo que logró sin demasiadas bajas. Sus tropas escaparon hacia las montañas de nuevo para reagruparse.

Mientras tanto, Toussaint viajaba hacia el norte para recuperar la llanura.

Además, muchos se iban sumando a los ejércitos regulares, al mando de Toussaint o Dessalines. Los trabajadores del campo, por su parte, atacaban sorpresivamente a las tropas francesas en los caminos, apoyando las acciones de Toussaint con acciones guerrilleras. Aparecían y desparecían desconcertando al ejército invasor, atacaban las columnas francesas, tendían trampas, arrojaban enormes piedras desde las montañas y lanzaban a los ejércitos franceses a los precipicios.

Christophe también iba obteniendo algunas victorias, y esto alentaba cada vez más la deserción en las filas francesas.

La tragedia de Toussaint Louverture

Durante febrero y marzo llegaron las lluvias, y con ellas, la fiebre amarilla. En ocho semanas, de los diecisiete mil veteranos franceses que desembarcaron en Saint-Domingue, cinco mil habían sido hospitalizados y otros cinco mil habían muerto.

Este difícil momento quedó reflejado en las cartas que Leclerc le enviaba a Napoleón. En abril de 1802 manifestaba:

Varias veces he intentado que Toussaint y todos sus generales se rindiesen [...]. Pero aunque lo lograse, Ministro Ciudadano [Bonaparte], no podría adoptar las rigurosas medidas necesarias para garantizar a Francia la posesión indiscutible de Saint-Domingue si no tengo a mi disposición veinticinco mil hombres armados.

Le he indicado, Ministro Ciudadano, las dificultades de la situación en que me encuentro. No le será difícil entender lo que ocurriría si estallase la guerra con los ingleses. Sería una plaga en nuestras costas. No dejarían de aprovechar la oportunidad de bloquear mis comunicaciones por vía marítima y de atacar y cercar el Môle. Suministrarían ayuda a los rebeldes, que, a su vez, cobrarían nuevo ímpetu e intentarían abandonar su actual actitud defensiva para pasar de nuevo a la ofensiva (James, 2001: 300).

En esta situación y cuando el ejército popular negro estaba por lanzar la ofensiva, el general Leclerc propuso un acuerdo. Abrumado por la catástrofe que significaba la guerra, Toussaint cometió el trágico error de negociar. Envió para ello al general Christophe, quien en un confuso episodio terminó rindiéndose, con sus mil doscientos soldados, al ejército francés.

Luego de varias negociaciones, Toussaint aceptó la rendición con tres condiciones: libertad incondicional para todos los habitantes de Saint-Domingue, conservación de sus grados y funciones para todos los oficiales nativos, y permiso para retener a sus empleados y retirarse al lugar que quisiera, dentro del territorio de la colonia.

Luego de acordados estos términos, el propio Toussaint convenció a Dessalines y los demás jefes de que depusieran las armas.

A los pocos días, Toussaint se dirigió a Le Cap para entrevistarse con Leclerc. Luego de aceptar la palabra de Leclerc sobre la continuidad del ejército negro, se retiró al campo, para continuar trabajando en las plantaciones con su familia.

Tiempo después, también Dessalines llegó a Le Cap con sus tropas y se puso al servicio de Leclerc.

Arresto, deportación y muerte de Toussaint

Como cualquier régimen que pretende oprimir y explotar a la población, el gobierno de Leclerc no podía permitir que los trabajadores permanecieran armados. Era necesario desarmar al pueblo para frenar cualquier posibilidad de insurrección victoriosa y eso significaba desarticular el ejército popular negro, empezando por Toussaint.

En junio de 1802, Leclerc le tendió una trampa a Toussaint. Tras convocarlo a Le Cap con una propuesta de buenas intenciones, lo hizo prisionero y lo acusó de traición. Fueron también arrestados su esposa, su hijo y su sobrina. Mientras eran sometidos a todo tipo de vejaciones, allanaron su casa, robaron su dinero y destruyeron sus plantaciones. Luego fueron todos conducidos a un barco.

Toussaint Louverture fue deportado a Francia y encarcelado en la prisión de Fort-de-Joux, en las montañas del Jura, a unos mil metros de altura, donde moriría de hambre y frío, después de ser maltratado y humillado, el 7 de abril de 1803.

Con las noticias del arresto de Toussaint, comenzó en algunos lugares una masiva sublevación. Sin embargo, Maurepas, Dessalines, Christophe y sus oficiales siguieron en sus puestos, mientras se mostraban fieles a Leclerc recababan información y esperaban el momento oportuno para reemprender la lucha. Era preciso reorganizarse, reagrupar fuerzas y preparar un ataque que resultara certero. Era necesario esperar a que las condiciones fueran propicias, no podían perder esta ocasión.

En julio, mientras las tropas francesas morían por millares y los líderes negros aguardaban su hora, las masas de ex esclavos encabezaban revueltas en todo el territorio. Dirigentes locales del norte, del sur y del oeste alentaban a los trabajadores a rebelarse, negándose a entregar las armas a las autoridades blancas. Como les había advertido el jacobino Sonthonax, conservar las armas era la única esperanza de conservar la libertad.

Contrarrevolución

En una contraofensiva aplastante, los representantes de la burguesía francesa votaban en el Parlamento de París el reestablecimiento de la esclavitud en Martinica y otras islas del Caribe. Además, aprobaban el restablecimiento del comercio de esclavos de los viejos tiempos.

Lógicamente, las noticias del restablecimiento de la esclavitud en la cercana isla de Guadalupe hicieron progresar la insurrección en Saint-Domingue. Bajo las órdenes de nuevos dirigentes, las masas volvían a sus conocidas tácticas de guerrilla, y atacaban al ahora enfermo y menguado ejército francés.

Por otro lado, si bien Dessalines y el mulato Pétion habían acordado que se sublevarían y estaban organizándose, algunos oficiales, fieles a la república que les había otorgado la libertad, continuaban reprimiendo con sus ejércitos los levantamientos de los trabajadores.

Un tribunal militar enteramente negro, por ejemplo, juzgó y condenó a muerte a dos importantes dirigentes populares: Charles Belair y su esposa fueron fusilados por sus antiguos líderes.

En agosto de 1802, Leclerc cuestionaba las directivas de Bonaparte y describía la situación diciendo:

> Tengo la impresión, basada en las órdenes que me imparte, de que no conoce claramente la posición en que me encuentro. Me ordena que envíe a los generales negros a Europa. Sería muy sencillo arrestarlos a todos en el mismo día; pero me sirvo de estos generales para sofocar unas revueltas que no cesan [...].

Acabo de destapar una vasta conspiración cuyo objeto era sublevar a toda la colonia hacia finales de Thermidor. Solo se ejecutó parcialmente por carecer de un líder. No es suficiente con librarse de Toussaint, hay dos mil Toussaint de los que habría que librarse (James, 2001: 318).

Para entonces, de los treinta y cuatro mil soldados que habían ido llegando en total, veinticuatro mil habían muerto, ocho mil estaban hospitalizados y el resto se encontraba exhausto. El propio Leclerc estaba gravemente enfermo y falleció tiempo después.

Muerto Leclerc, su sucesor, el vizconde de Rochambeau (1750-1813), con unos diez mil soldados recibidos como refuerzo, continuó intentando sostener el dominio francés a través de una cada vez más sistemática, sanguinaria y feroz política represiva. Era ya, para Francia, una guerra de exterminio en la que se buscaba imponer terror a todos los que intentaran luchar por su libertad.

Como hicieron y hacen en otros lugares del mundo para mantener su dominio colonial, los franceses ahorcaron, ahogaron, torturaron, fusilaron, quemaron y enterraron vivos a miles de negros.

En una ocasión, siguiendo las órdenes de Rochambeau, mil negros fueron ahogados al mismo tiempo en las costas de Le Cap como demostración de lo que eran capaces de hacer contra los rebeldes. Además, siguiendo el ejemplo de los ingleses en Jamaica y de los españoles en Cuba, también Rochambeau hizo llevar a Saint-Domingue mil quinientos perros salvajes que fueron entrenados para «cazar negros» en las montañas.

Lejos de intimidarse, el pueblo se levantó en armas con un profundo odio hacia los blancos y hacia Francia y con una enorme determinación. La República de Francia que les había otorgado la libertad estaba muerta. Nadie tenía dudas ya de que la independencia era indispensable.

Libertad o muerte

Había llegado el momento de comenzar el masivo y contundente contraataque. Siguiendo el ejemplo de Belair, el mulato Alexandre Pétion se levantó en armas en el sur. Los franceses también se habían dedicado a masacrar a los mulatos y sus familias, apropiándose además de sus riquezas. Por ello, los líderes mulatos se alinearon esta vez con los negros y, bajo su dirección, atacaron a los franceses.

Dessalines, que se había preparado al guardar armas y municiones en el oeste, se dirigió a Petit-Rivière, e inició también allí la insurrección. Dos días más tarde, se sumó Christophe.

Habiendo logrado la unidad de negros y mulatos, los ex esclavos Christophe y Dessalines tomaron la dirección de la lucha por la independencia y se dispusieron a terminar con los restos del ejército francés. A diferencia de Toussaint, Dessalines se dispuso a devolver golpe por golpe.

Miles de trabajadores negros y de pequeños y medianos propietarios mulatos se alzaron, incorporándose activamente a la lucha antiesclavista que ahora se convertía en una guerra cuya meta era expulsar definitivamente a los franceses. Era ahora una revolución por la independencia, porque sin ella no había libertad posible.

Jean-Jacques Dessalines, líder indiscutido del movimiento, recorrió la isla para organizar las milicias populares y se puso al frente del ejército.

En un acto de profundo significado simbólico y político, Dessalines convocó a un congreso en Arcahaye, donde reemplazó la bandera francesa con sus iniciales RF (République Française) por otra azul y roja con el lema «Libertad o muerte».

Era una guerra popular en la que, además de las tropas regulares, negros y mulatos civiles realizaban conjuntamente operaciones guerrilleras en las zonas montañosas, en los campos y las ciudades. Incluso atacaban a los barcos con pequeñas y ligeras embarcaciones que habían construido especialmente para esas operaciones. El conjunto del pueblo estaba unido en defensa de su libertad.

La guerra en Europa volvió a influir en el desarrollo de la lucha en Saint-Domingue. Inglaterra estaba nuevamente en guerra con Francia y bloqueaba las comunicaciones de Rochambeau y su posibilidad de recibir refuerzos.

Al mismo tiempo, los ingleses, interesados en lograr el control de la producción y el comercio de Saint-Domingue, permitieron que los norteamericanos vendieran armas y municiones a los rebeldes. Dessalines, sin embargo, no confió esta vez en ninguna de las promesas de estas potencias imperialistas, y pagó en efectivo todo lo que compró.

El 16 de noviembre, las tropas revolucionarias lanzaron el ataque final sobre Le Cap-Français y Rochambeau no tuvo otra opción más que ordenar al ejército francés la evacuación de la isla.

De esta forma, el 31 de diciembre de 1803, en Gonaïves, en una reunión con todos los oficiales del ejército popular, Dessalines y Christophe dieron a conocer la Declaración de Independencia. Subrayando la ruptura con Francia y recuperando el pasado indígena del territorio, los revolucionarios nombraron Haití a la nueva república.

Tras trece años de lucha, el 1ro. de enero de 1804 fue proclamada la primera república independiente de Latinoamérica.

La
república
negra

No basta con haber expulsado de nuestro país a los bárbaros que lo han ensangrentado durante dos siglos; no basta con haber puesto freno a las facciones siempre renacientes que se burlaban, unas tras otra, del fantasma de libertad que Francia colocaba ante vuestros ojos; es necesario, por medio de un acto último de autoridad nacional, asegurar para siempre el imperio de la libertad en el país que nos vio nacer; es necesario arrancar al gobierno inhumano, que mantiene desde hace tanto tiempo a nuestros espíritus en el letargo más humillante, toda esperanza de dominarnos; es necesario, en fin, vivir independientes o morir.

Jean-Jacques Dessalines,
Discurso tras la Declaración de Independencia

Primeros años de independencia

Haití era la primera república de América Latina. Además, en un mundo en el cual el prejuicio racial justificaba el colonialismo, Haití era la prueba de la posibilidad de un autogobierno negro. Por ello, se convirtió en un ejemplo que los estados colonialistas y esclavistas temían y combatían, y que los esclavos del mundo seguían e invocaban.

Durante las primeras décadas de vida de la república, diferentes grupos sociales lucharon por desarrollar en Haití distintos proyectos. Una vez expulsados los opresores, comenzaron a surgir en el seno del pueblo todas las contradicciones que estaban contenidas durante la lucha contra un enemigo común.

En primer lugar, la mayoría de los antiguos esclavos pretendía volver a la economía de subsistencia: cultivar pequeñas parcelas y convertirse en campesinos independientes.

Por otra parte, un pequeño grupo, compuesto por generales negros y mulatos, se iba constituyendo como nueva clase terrateniente, tras haberse apropiado de plantaciones abandonadas por los exiliados blancos.

A su vez, los propietarios mulatos del sur pretendían que los ex esclavos se transformaran en trabajadores asalariados que cultivaran sus haciendas. Fomentaban el cultivo de las tradicionales materias primas: café, azúcar, etcétera, y se enriquecían con su exportación a Europa o Estados Unidos.

Finalmente, siguiendo algunas de las antiguas ideas de Toussaint, los dirigentes del gobierno intentaban recuperar la agricultura, expropiando a los blancos y poniendo sus plantaciones en manos del Estado. Esto generaría posteriormente, según afirman algunos investigadores como José Luciano Franco, que se formara también una elite militar a partir de la apropiación del excedente centralizado por el Estado.

El 8 de octubre de 1804, Dessalines se nombró emperador con el nombre de Jacques I. Según afirma James, la corona le fue regalada por agentes comerciales norteamericanos y su solemne entrada en la ciudad de Le Cap la realizó en una carroza traída por un espía inglés. Los capitalistas ingleses y norteamericanos se disputaban el favor del nuevo gobernante.

Dessalines se dispuso a reorganizar la producción del país, pero primero ordenó la matanza de todos los blancos, excepto los sacerdotes y los médicos.

En una nueva Constitución, se ordenó la confiscación de todas las tierras de los blancos y prohibía que estos accedieran a cualquier tipo de propiedad en Haití.

Además de la estatización y redistribución de la tierra, la nueva Constitución prohibió que los ex esclavos abandonaran las plantaciones sin permiso del gobierno. Era evidente que nadie quería trabajar otra vez en las plantaciones y ciertas propiedades fueron repartidas entre los campesinos.

La parte oriental de la isla, Santo Domingo, había quedado en manos de los franceses y en enero de 1805 los ejércitos remanentes, al mando del general Ferrand, atacaron nuevamente Haití. Dessalines invadió esa parte de la isla, pero se vio obligado a retirarse por la amenaza de una flota en posiciones haitianas.

Luego de este infructuoso intento de reconquista, Santo Domingo quedó en manos españolas.

En octubre de 1806, Dessalines fue asesinado y las pugnas que surgieron desde entonces entre trabajadores negros y propietarios mulatos terminaron por dividir el país en dos partes.

En el norte, Henri Christophe continuó con la política de desarrollar el cultivo estatal en las plantaciones. La amenaza de una nueva invasión napoleónica llevó a Christophe a construir grandes fortalezas, a edificar fábricas de ladrillo y a traer vigas de madera de lugares distantes. Intentó construir una fortaleza de tal magnitud que pudiera resistir un asedio prolongado, para proteger a la población durante meses. Para ello, la sometió a un penoso régimen de trabajo forzado.

Además, intentó aumentar la productividad al imponer también ciertas condiciones de trabajo obligatorio y al permitir que los oficiales arrendaran propiedades o las administraran, dándole un porcentaje al Estado. Esta política logró mantener un alto nivel de exportaciones de productos primarios y una importante acumulación de riquezas, lamentablemente, en manos de unos pocos.

En 1811, Christophe se declaró rey del Reino de Haití. Se autoproclamó Henri I.

Mientras tanto, en el sur, desde 1807, los antiguos generales mulatos, encabezados por Alexandre Pétion, establecieron una república.

Realizando el interés que había movido a esta clase a rebelarse desde un principio, el presidente Pétion convirtió en propiedad privada todo el territorio. En dos años, la mayor parte de las tierras del sur había vuelto a manos privadas y era explotada por trabajadores asalariados. Sin embargo, la parcelación de las grandes plantaciones en pequeñas propiedades estimuló el cultivo de autoconsumo o para el mercado interno. Los cultivos de exportación, que generaban importantes ingresos al Estado, fueron disminuyendo. De los sesenta millones de libras de azúcar que se producían en tiempos de Toussaint, en 1818 solo se obtenían dos.

En 1821, Boyer, el sucesor de Pétion, unificó Haití luego del suicidio de Christophe. Su política de división de la tierra le generó cierta popularidad entre las masas de trabajadores del norte, pero las consecuencias económicas fueron tan negativas como lo habían sido en el sur. La población en general se empobrecía.

Por la libertad latinoamericana

Mientras se reorganizaba y construía el nuevo Estado, la nueva república independiente de Haití se dispuso solidariamente a colaborar con la lucha del resto de los pueblos latinoamericanos.

En 1806, por ejemplo, Francisco de Miranda (con el seudónimo de George Martin) llegó a Haití en busca de apoyo para la independencia venezolana. Dos semanas más tarde, partió hacia su tierra con armas y hombres que formarían parte de su ejército. Solo se le pidió que liberara a los esclavos cuando consiguiera la independencia y en 1811, Miranda, siendo presidente de la Junta de Gobierno, cumplió con su promesa.

En 1815, Pétion entregó a Bolívar dos mil fusiles para la guerra de independencia. Un año más tarde, le hizo llegar otros cuatro mil fusiles, más quince mil libras de pólvora y otras tantas de plomo, una imprenta, y sobre todo, treinta oficiales y seiscientos voluntarios que fueron solidariamente a luchar por la libertad de sus hermanos latinoamericanos.

Sin embargo, a pesar de la fundamental influencia social e ideológica que la revolución haitiana tuvo sobre el resto del continente; a pesar del importantísimo apoyo militar que la revolución haitiana brindó a las guerras de independencia, cuando las naciones libres de América Latina realizaron el famoso Congreso de Panamá, la república de Haití no fue invitada. Comenzaba ya, desde el nacimiento mismo de los estados independientes, la era de las presiones norteamericanas sobre Latinoamérica.

Las potencias extranjeras

En los años siguientes a la independencia de Haití, los Estados Unidos y las potencias europeas colaboraron con Francia al establecer un bloqueo diplomático sobre la isla. Casi ningún país reconoció su soberanía.

En 1824, el senador Robert Hayne, de Carolina del Sur, declaraba: «Nuestra política hacia Haití es clara [...]. Nunca podremos reconocer su independencia [...]. La paz y la seguridad de una gran parte de nuestra Unión nos prohíbe incluso que la tratemos» (Farmer, 1994: 88). En 1803, Estados Unidos le había comprado a Napoleón, por quince millones de dólares, el territorio de Luisiana. ¿Y si los esclavos negros de esa ex colonia francesa quisieran también rebelarse y declararse independientes? Los norteamericanos, como afirmaba el senador, tenían mucho que perder...

Además de ser un país que tradicionalmente había producido solo algunas materias primas, su territorio estaba devastado por una guerra de diez años y debilitado por conflictos internos. En esta situación, Haití debió aceptar condiciones desventajosas que fueron creando una nueva dependencia económica.

Francia reconoció la independencia de Haití en 1825, luego de que este país se comprometiera a pagar ciento cincuenta millones de francos a la antigua metrópoli y que redujera en un cincuenta por ciento las tarifas aduaneras para indemnizar de este modo pérdidas sufridas por los colonos franceses. Esta deuda ataría financieramente a Haití, siendo una de las vías a través de las que los capitalistas franceses continuaron apropiándose de sus riquezas y controlando sus finanzas.

Estados Unidos, a pesar de que recién reconoció la independencia de Haití en 1862, se convirtió rápidamente en el primer socio comercial del país. En 1821, cerca del cuarenta y cinco por ciento de las importaciones provenían de Norteamérica, el treinta eran británicas y el veintiuno francesas.

El creciente comercio con las naciones capitalistas en expansión fue desde entonces controlado, además, por buques de guerra que se instalaban en aguas haitianas.

Por otra parte, y como sucedió en el resto de los países latinoamericanos, la dependencia económica se estableció gracias a que un grupo local se beneficiaba con ella: los grandes propietarios de plantaciones.

Los intereses imperialistas en Haití

Desde el momento mismo de la independencia, Haití estuvo expuesto a los conflictos internos y externos. El sistema económico haitiano dependía cada vez más del mercado mundial capitalista.

La mayoría de los pequeños campesinos producía materias primas para comerciantes e intermediarios que elaboraban productos. Según el antropólogo Michel-Rolph Trouillot, el Estado fue expresando cada vez más a una pequeña clase de ricos comerciantes que se enriquecían al centralizar las exportaciones y explotar a los campesinos. Al mismo tiempo, crecían las importaciones de productos industriales. Según Trouillot, hacia 1851, Haití era el principal mercado latinoamericano para los Estados Unidos. Vendían más productos a Haití que a México.

Por su importancia como mercado, como país productor de ciertas materias primas y por su posición geográfica estratégica, los países capitalistas lucharon constantemente por obtener el predominio y control de Haití. Los acuerdos comerciales se firmaban al calor de la amenaza armada. Como dijimos, buques de diferentes países se instalaban en aguas haitianas y amenazaban a las autoridades para obtener beneficios.

Estados Unidos, Gran Bretaña, Alemania y Francia participaron en complots, alentaron revueltas, colaboraron en el derrocamiento de presidentes, bombardearon las costas y hasta ocuparon militarmente el territorio de Haití.

De esta forma, hacia fines del siglo XIX, la primera república políticamente independiente de Latinoamérica se había convertido en un país económicamente dependiente.

Durante el siglo XIX, los Estados Unidos aplicaron la llamada Doctrina Monroe, en la cual le advertían a las potencias europeas que «América [era] para los americanos», lo que significaba que el conjunto del continente era para los norteamericanos.

Más tarde aplicarían también la llamada política del «garrote», es decir, utilizar la violencia para disciplinar a los rebeldes y asegurar el enriquecimiento de los grandes empresarios. Así, con la excusa de «proteger los bienes y las vidas norteamericanas», la Marina estadounidense envió barcos de guerra a Haití en 1849,

1851, 1857, 1858, 1865, 1866, 1867, 1868, 1869, 1876, 1888, 1891, 1892, 1902, 1903, 1904, 1905, 1906, 1907, 1908, 1909, 1911, 1912 y 1913.

Finalmente, en 1915, el cuerpo de marines invadió el territorio haitiano y lo ocupó hasta 1934. Con la toma del estratégico Môle St.-Nicholas y el acceso al canal de Panamá, Estados Unidos controlaba todo el tráfico comercial del Caribe.

A través de esta ocupación, y ya con plena libertad de movimientos, muchas empresas norteamericanas recorrieron el territorio de Haití en busca de las mejores tierras para instalar sus nuevas plantaciones de caucho, plátano, azúcar, caoba, sisal y otros productos tropicales. En una nueva expropiación violenta, cientos de miles de hectáreas fueron otorgadas a compañías norteamericanas y más de cincuenta mil campesinos fueron expulsados de sus tierras en la zona norte.

Mientras tanto, los marines, ayudados por el cuerpo de policía local, salieron a desarmar a la población rural que tenía guardadas sus armas desde los tiempos de la revolución. Además, la fuerza de ocupación reinstituyó el reclutamiento forzoso y varios miles de hombres fueron obligados a alistarse en el ejército.

Por supuesto, todos estos abusos generaron múltiples resistencias, pero todas fueron ferozmente aplastadas en una verdadera masacre.

El
poder
del pueblo

Durante toda mi vida me he dedicado a la lucha del pueblo africano.

He peleado contra la dominación blanca, y he peleado contra la dominación negra.

He buscado el ideal de una sociedad libre y democrática, en la que todas las personas vivan juntas en armonía e igualdad de oportunidades. Es un ideal: espero poder vivir para verlo realizado. Pero si es necesario, es un ideal por el cual estoy preparado para morir.

Nelson Mandela, 1964

La era de los Duvalier

Cuando en 1935 se retiraron las fuerzas de ocupación norteamericanas, dejaron gobiernos locales estrechamente ligados a sus intereses. La mayoría de ellos fueron desde entonces regímenes militares o respaldados por militares, «amigos» de Estados Unidos, que aplastaron todas las protestas del pueblo y no toleraban ninguna forma de oposición.

En 1957, Daniel Fignolé, el dirigente del Movimiento de Obreros y Campesinos que había llegado a ser jefe del poder ejecutivo, intentó llevar adelante las reformas que había prometido, pero los militares lo derrocaron.

Sin embargo, el ejército, que necesitaba una fachada civil, convocó para gobernar al doctor François Duvalier, cuya figura había crecido favorablemente durante la ocupación, vinculado al movimiento indigenista y antiimperialista. Duvalier se había declarado partidario de los negros y pidió a los campesinos que apoyaran su candidatura.

En unas elecciones en las que hubo muchos elementos fraudulentos, Duvalier, el candidato del ejército y de los ciudadanos estadounidenses influyentes en Haití, obtuvo la presidencia. Inmediatamente se dispuso a asegurar su poder personal creando su propia fuerza de seguridad: los Voluntarios para la Seguridad Nacional. Los VSN constituían una milicia que respondía únicamente a Duvalier y neutralizaron con eficacia la fuerza del ejército. Rebautizadas con el nombre *tontons macoutes,* las milicias duvalieristas se infiltraron en la prensa, los negocios, los templos de vudú, los sindicatos obreros, las organizaciones campesinas y el ejército. Miles de personas fueron asesinadas.

Durante los primeros años de su mandato, los más sangrientos, el cruel dictador Duvalier, ahora apodado «Papa Doc», recibió más de cuarenta millones de dólares de Washington. En 1969, cuando recibió a Nelson Rockefeller, Duvalier le dio la bienvenida con estas palabras: «Haití podría ser una enorme reserva de mano de obra para los estadounidenses que establezcan industrias de reexportación y está más cerca, más segura y más fiable que Hong Kong» (Farmer, 1994: 123).

Tras años de tiranía, represión, persecuciones y matanzas, muchos haitianos comenzaron a huir de su país. Cuando en 1971, François Duvalier murió, dejó a su hijo Jean-Claude Duvalier, alias «Baby Doc», a cargo del gobierno.

Como afirma M. R. Trouillot, las líneas generales de la política económica de Baby Doc fueron continuadoras de las de su padre. La creciente dependencia con respecto al gobierno norteamericano se agudizó a partir de la instalación de la industria de montaje subcontratada, ligada a Estados Unidos. Ahora, el montaje para las corporaciones y mercados norteamericanos era presentado como «ayuda» a la miserable Haití, que llegó a ser el noveno país del mundo en la elaboración de bienes de consumo para el mercado estadounidense. Además, estaba entre los tres primeros en el montaje de productos como juguetes rellenos, muñecas e indumentaria.

Con sus bajísimos salarios y sus trabajadores oprimidos durante décadas, las plantas de montaje llegaron a «exportar» tal cantidad de productos que superaron las exportaciones de café.

Por otro lado, el hambre llegó a niveles tan terribles que muchos haitianos vendían su sangre o los órganos de sus familiares muertos para obtener algunos pocos dólares. El tráfico de sangre haitiana era practicado por la empresa de capitales estadounidenses Hemo Caribbean and Co., y organizado por Joseph Gorinstein, corredor de bolsa de Miami. Se estima que desde Haití se llegaban a enviar unas cinco toneladas de plasma por mes a los laboratorios estadounidenses de Cutre Laboratorios, Armour Pharmaceutical, Dade Reagent y Dow Chemical.

Al mismo tiempo, como denunciaba el Comité de Abogados por los Derechos Humanos, cualquier tipo de oposición política estaba prohibido, y los *macoutes* y el ejército arrestaban, extorsionaban, torturaban y en general mataban a cualquier persona sospechosa de oponerse al régimen de Duvalier hijo.

El poder del pueblo

Desde 1984 comenzaron a incrementarse los disturbios debido a la desesperación general, provocada por una total miseria.

A partir de 1985, el sacerdote Jean-Bertrand Aristide, desde una parroquia de Puerto Príncipe, comenzó a organizar a los jóvenes, a formar comunidades de base eclesiástica en las zonas rurales, y a dar sermones acerca de la necesidad de luchar nuevamente por la liberación de Haití. Con un discurso basado en la teología de la liberación, en la opción por los pobres y reclamando el soberano derecho del país a la autodeterminación frente al dominio estadounidense, Aristide exhortaba al pueblo para que retomara la participación política.

Mientras las protestas antigubernamentales crecían, los estudiantes se declararon en huelga y el descontento se trasladó a todas las ciudades. Las fuerzas militares de Duvalier reprimieron ferozmente las manifestaciones y realizaron todo tipo de actos salvajes, torturando, mutilando y asesinando a sangre fría. Sin embargo, el pueblo comenzaba a defenderse y a responder tirando piedras y armando barricadas, mientras las huelgas estudiantiles, y ahora también obreras, continuaban.

El 7 de febrero de 1986, Duvalier hijo y su familia huyeron de Haití llevando sus ilícitas riquezas a bordo de un avión estadounidense.

El júbilo popular era enorme y comenzó entonces el proceso de limpiar «de raíz» el país. Sin embargo, no sería tan fácil y el pueblo debió enfrentarse nuevamente a gobiernos represivos.

Mientras continuaban las masacres, los atentados, el crimen y la represión, la figura de Aristide iba creciendo hasta que se fue transformando en un dirigente nacional. En las elecciones del 16 de diciembre de 1990, con veedores internacionales que atestiguaron su transparencia, el pueblo de Haití votó masivamente. Tras haber sobrevivido a varios intentos de asesinato de los paramilitares de derecha y habiendo sido expulsado, en diciembre de 1988, de la orden salesiana con la acusación de incitar a la violencia, Jean-Bertrand Aristide obtuvo el sesenta y siete y medio por ciento de los votos emitidos. Marc Bazin, el candidato de Washington y ex funcionario del Banco Mundial, apenas consiguió el quince.

A pesar de las presiones, boicots y problemas, Aristide inició una gran campaña de alfabetización y prometió reconstruir el sistema universitario y de educación pública. Se comenzó a reestructurar la salud pública y mientras se discutían los proyectos de reforma agraria, se presentó un programa para aumentar el acceso de los campesinos a los créditos. Además, se intentó mejorar la situación de los trabajadores, recuperando algunos de sus derechos y presionando a los empresarios para que aumentaran los salarios. Se anunció también un programa de obras públicas para crear empleos.

Finalmente, Aristide emprendió un proyecto contra el crimen: arrestó a los cabecillas de los círculos criminales y redujo efectivamente el gangsterismo. Como era de esperar, todas estas medidas generaron una fuerte oposición en los sectores económicamente dominantes locales y extranjeros.

El 29 de septiembre de 1991, Aristide fue derrocado y forzado a exiliarse. El golpe estuvo encabezado por el general Raoul Cedras. Como otros dictadores latinoamericanos, Cedras fue formado por los norteamericanos en la Escuela de las Américas y además era colaborador de la Agencia Central de Inteligencia estadounidense (CIA). Cuando la población comenzó a salir a la calle para defender a su gobierno, los soldados dispararon sin piedad. Los ejércitos y las milicias paramilitares comenzaron a perseguir a los partidarios de Aristide.

Como habían hecho sus antepasados cimarrones, se calcula que miles de haitianos huyeron hacia las montañas. Los movimientos campesinos fueron casi todos exterminados y muchos dirigentes y militantes debieron pasar a la clandestinidad. El sector rural sufrió la represión más constante. Más de cien mil personas cruzaron la frontera hacia el este y otros tantos huyeron por mar.

A pesar de que hubo una resistencia constante, ninguna de las formas de lucha logró, según documentan los investigadores, transformarse en un desafío colectivo frente al golpe de Estado.

Mientras volvían al país los peores torturadores duvalieristas, luego de varios acuerdos diplomáticos y negociaciones entre los

Estados Unidos, la Organización de Estados Americanos (OEA) y la Organización de Naciones Unidas (ONU), llegaron también en octubre de 1993, los primeros miembros de una fuerza policiaca internacional. La OEA decretó un bloqueo económico para derrocar a los golpistas pero este nunca fue aplicado seriamente, ni por las potencias europeas ni por Washington. En febrero de 1992, Bush (padre) levantó prácticamente el bloqueo contra Haití, mientras reforzaba brutalmente el embargo contra Cuba.

Finalmente, Aristide firmó un «acuerdo de unidad nacional». El derrocado presidente sostuvo que «para evitar derramamientos de sangre» aceptaba el exilio en los Estados Unidos, mientras Marc Bazin asumía el poder en junio de 1992, con la bendición pública del Vaticano, de la Conferencia Episcopal haitiana, de la élite local y de los Estados Unidos.

La misión de estabilización de las Naciones Unidas para Haití

Al igual que en la década de 1980 en Latinoamérica, tras la sistemática destrucción del movimiento popular y un éxodo masivo de miles de haitianos, el gobierno de los Estados Unidos planteó que era tiempo de «regresar a la democracia»: las fuerzas armadas habían cumplido ya con su tarea.

En 1994, después de haber pasado varios años exiliado en Washington y de haber sido asesorado por el presidente Bill Clinton, Aristide fue reinstalado en el gobierno de Haití. Mientras el nuevo presidente regresaba al país, cruceros de la marina estadounidense se instalaban en las aguas de Puerto Príncipe.

Esta vez, en lugar de expresar el interés del pueblo, Aristide se dedicó a seguir los mandatos de los capitalistas norteamericanos y comenzó por privatizar un conjunto de industrias que dejaron el saldo de miles de trabajadores despedidos. En esa época, los niveles de desempleo llegaron a superar el setenta por ciento. Además, debido a las medidas de austeridad dictadas por el Fondo Monetario Internacional, la miseria se hizo más profunda.

Según los investigadores haitianos, la destrucción de la producción agrícola haitiana ha significado que, aparte del tráfico de drogas, la única fuente de riqueza para los grupos locales sea el gobierno mismo, con su magra recaudación de impuestos y la menguante ayuda internacional. Esto habría dado como resultado que las bandas rivales, milicias pro Aristide y paramilitares remanentes de la era Duvalier, se disputaran el control del aparato gubernamental.

Este conflicto motivó las protestas de los representantes de las empresas multinacionales que acumulaban capital gracias a las empresas de montaje y que veían aún posibilidades de continuar explotando a la población haitiana, para lo que necesitaban cierto «orden».

Por ello, diez años después de haber sido restituido en el gobierno, el 29 de febrero de 2004, una intervención militar franconorteamericana destituyó nuevamente al presidente haitiano Jean-Bertrand Aristide.

Al poco tiempo, sosteniendo que la situación del país era una amenaza para la paz y la estabilidad de la región, el Consejo de Seguridad de la ONU decidió crear la Misión de Estabilización de Naciones Unidas para Haití.

Entonces, con el argumento de que era necesario para garantizar la paz y la democracia, participaron en esta nueva ocupación tropas provenientes de Argentina, Brasil, Uruguay, Chile, Ecuador, Guatemala, Perú, Bolivia y Paraguay, y de otros continentes, comandados y financiados por los Estados Unidos y Francia.

Lejos de ayudar a reconstruir el país, la presencia de esta nueva fuerza militar, constituida ahora por un conjunto de naciones y con un presupuesto de quinientos veinte millones de dólares anuales, continuó bloqueando las posibilidades de reorganización popular y aseguró el sometimiento y la superexplotación de los haitianos.

Sin embargo, aun en esta desesperada situación, el pueblo de Haití continúa luchando por su emancipación. Pero esta vez, en otras condiciones. Se plantea ya la necesidad de construir nuevas relaciones sociales que superen el capitalismo, como única solución frente a la miseria y el imperialismo.

Recuperando el legado de la primera revolución haitiana, dirigida por Toussaint Louverture y Jean-Jacques Dessalines, los nuevos dirigentes obreros y campesinos llaman a encender la chispa de una nueva rebelión que desencadene un levantamiento en toda la isla y que pueda constituirse en otro faro revolucionario para el mundo.

Anexos

1. El Código negro[1]

Sancionado en 1685 por el rey de Francia Luis XIV[2]

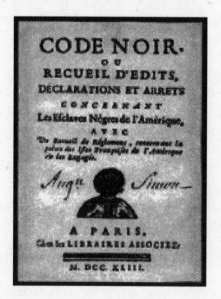

---

1   Alto Comité del Mundo Negro: http://www.afcam.org/espagnol/index

2   Para facilitar la lectura se han modificado algunos aspectos gramaticales y sintácticos de la traducción. *(N. de la A.)*

El Código Negro

Edicto del rey sobre el tema de la política de las islas de América francesa.

Marzo de 1685, en Versalles.

Impreso en el Supremo Concejo de Saint-Domingue, 6 de mayo de 1687.

Luis, por la gracia de Dios rey de Francia y de Navarra:

A todos los aquí presentes y para los que vienen, saludos.

Preámbulo

Así como también debemos nuestros cuidados a todos los pueblos que [la] divina providencia puso bajo nuestra obediencia, quisimos hacer examinar bien en nuestra presencia las memorias que nos han sido enviadas por los oficiales de nuestras islas de América, las que habían sido informadas sobre la necesidad que tienen de nuestra autoridad y de nuestra justicia para mantener allí la disciplina de la Iglesia Católica, apostólica y romana, para ajustar allí lo que concierne al Estado y la calidad de los esclavos en nuestras dichas islas, y que desean proveer allí y a ellos hacer saber que aunque habitan climas infinitamente alejados de nuestra residencia ordinaria, siempre estamos presentes para ellos, no solo por la extensión de nuestro poder sino además por la prontitud de nuestra ayuda hacia sus necesidades.

Por estas razones y con el asesoramiento de nuestro concejo, y de nuestro conocimiento cierto, el poder absoluto y la autoridad real, hemos declarado dictaminado y ordenado declarar lo que sigue:

Artículo 1. Deseamos y esperamos que el edicto del 23 de abril de 1615 del Rey, nuestro muy honrado señor y padre, de memoria gloriosa, sea ejecutado en nuestras islas, haciendo esto, ordenémosle a todos nuestros oficiales cazar fuera de nuestras islas a todos los judíos que establecieron allí su residencia, a los que, como a los enemigos declarados del nombre cristiano, mandamos salir dentro de tres meses, a partir del día de la publicación de los presentes [edictos], bajo pena de la confiscación de su cuerpo y de sus bienes.

Artículo 2. Todos los esclavos que estén en nuestras islas serán bautizados e instruidos en la religión católica, apostólica y romana. Ordenemos a los habitantes que compren a negros recientemente llegados, advertir de eso [al] gobernador o intendente de dichas islas dentro de un máximo de ocho días, o corren el riesgo de ser multados con una cantidad arbitraria, los [oficiales] darán las órdenes necesarias para hacerlos instruir y bautizar en el tiempo conveniente.

Artículo 3. Prohibamos todo ejercicio público de otra religión que [no sea] la religión católica, apostólica y romana; deseamos que los contraventores sean castigados como rebeldes y desobedientes a nuestras órdenes; prohibamos toda asamblea para este efecto, las cuales declaramos ilícitas y sediciosas, sujetas a las mismas penas que se dicten contra los dueños que las permitan o acepten.

Artículo 4. La dirección de los negros no será encargada a ningún mayoral que no haga profesión de la religión católica, apostólica y romana, bajo pena de confiscación de dichos negros a los dueños a los que se les hayan encargado y de castigo contra los mayorales que hayan aceptado dicha tarea.

Artículo 5. Prohibamos a nuestros súbditos de la religión llamada reformada que causen algún disturbio o impedimentos a nuestros otros súbditos, hasta a sus esclavos, en el ejercicio libre de la religión católica, apostólica y romana, bajo pena de un castigo ejemplar.

Artículo 6. Ordenemos a todos nuestros súbditos, de cualquier calidad y condición sean, de observar el Domingo y celebraciones que son guardados por nuestros súbditos de la religión católica, apostólica y romana. Les prohibimos trabajar; ni hacer trabajar a sus esclavos en dichos días, desde la hora de medianoche a la otra medianoche, en el cultivo de la tierra, de la manufactura del azúcar, y a todas otras obras [trabajos], [bajo] penas de multa y de castigo arbitrario contra los dueños, y de confiscación de la cantidad de azúcar producida por los esclavos sorprendidos en ese trabajo.

Artículo 7. Igualmente les prohibimos abrir el mercado de los negros y de toda mercancía dichos días, bajo pena de confiscación de las mercancías que se encontraran entonces en el mercado, y una multa discrecional contra los vendedores.

Artículo 8. Declaramos que nuestros súbditos que de religión no sean católicos, apostólicos y romanos son incapaces de contraer de ahora en adelante matrimonios válidos; declaramos bastardos a todos los niños que nacieran de tales enlaces, a los que valoramos y consideramos como verdaderos concubinatos.

Artículo 9. Los hombres libres que hayan tenido uno o varios niños de los concubinatos con sus esclavas, juntos con los dueños que lo hayan aceptado, serán multados cada uno con dos mil libras de azúcar.

Y si son los dueños de la esclava que produjo dichos niños, deseamos que, además de la multa, sean privados del esclavo y los niños, y que ella y ellos sean confiscados y enviados a trabajar en provecho del hospital, sin poder ganar su libertad.

No esperamos que el artículo presente deba cumplirse, no obstante, si el hombre libre no está casado con otra persona durante su concubinato con la esclava; se casará en las formas observadas por la Iglesia, su esclava será liberada por este medio y los niños considerados libres y legítimos.

Artículo 10. Las solemnidades prescritas por las Ordenanzas de Blois artículos XL, XLI y XLII, y por la declaración de noviembre de 1629, para los matrimonios, serán observadas tanto con respecto a las personas libres como a los esclavos, sin que el consentimiento del padre y de la madre del esclavo sea necesario, solamente el del dueño.

Artículo 11. Prohibamos muy expresamente a los curas realizar los matrimonios de esclavos si no tienen el consentimiento de sus dueños. Prohibamos también a los dueños coaccionar a esclavos para casarlos contra su voluntad.

Artículo 12. Los niños que nazcan de matrimonios entre esclavos serán esclavos y pertenecerán a los dueños de las mujeres esclavas, y no a los de su marido, si el marido y la mujer tienen dueños diferentes.

Artículo 13. Deseamos que si el marido esclavo se casó con una mujer libre, los niños, tanto varones como mujeres, tendrán la condición libre de su madre, y que si el padre es libre y la madre esclava, los niños serán esclavos.

Artículo 14. Los dueños se ocuparán de hacer enterrar en los cementerios destinados con este fin a sus esclavos bautizados; con respecto a los que murieran sin haber recibido el bautismo, serán enterrados en algún campo vecino al lugar donde hayan fallecido.

Artículo 15. Prohibamos a los esclavos llevar un arma ofensiva, ni gruesos palos, bajo pena de ser azotado con el látigo y sus armas confiscadas en provecho del que los encontrara; a excepción solamente de los que hayan sido enviados a cazar por sus dueños, y que sean portadores de una carta de sus amos o su marca conocida.

Artículo 16. Prohibamos a los esclavos que pertenecen a diferentes dueños agrupar[se] [durante] el día o la noche, con el pretexto de bodas u otra excusa, en casa de sus dueños o en otro lugar, y todavía menos en los grandes caminos o los lugares apartados; [bajo] penas de castigo corporal, que no podrá ser menor que del látigo y de la flor de lis.

Y en caso de reincidencias frecuentes y otras circunstancias agravantes, podrán ser castigados con la muerte, lo que dejamos a la decisión de los jueces.

¡Ordenemos a todos nuestros súbditos castigar a los ofensores, y detenerlos y conducirlos a prisión, aunque sean oficiales y no haya para ellos ningún decreto!

Artículo 17. Los dueños que estén acusados de haber permitido o tolerado tales asambleas, compuestas de esclavos, serán condenados a reparar todo el daño que haya sido hecho a sus vecinos en ocasión de dichas reuniones con diez escudos de multa por primera vez, y el doble en caso de reincidencia.

Artículo 18. Prohibamos a los esclavos vender caña de azúcar por cualquier causa o excusa, hasta con el permiso de sus dueños, bajo pena de látigo a los esclavos, y diez libras contra los dueños que lo hayan permitido, e igual multa contra el comprador.

Artículo 19. Les prohibimos también a los esclavos la venta en el mercado de cualquier producto, ni llevarlo a las casas particulares para vender, ni frutos, verduras, leñas, hierbas para el alimento del ganado y sus manufacturas, sin permiso expreso de sus dueños en una carta o sus marcas conocidas, bajo penas de confiscación de los bienes vendidos, sin que sus amos reciban la restitución de la pérdida, y una multa de seis libras se fijará a los compradores.

Artículo 20. Deseamos con este fin que dos personas sean encargadas por nuestros oficiales, en cada uno de los mercados, de examinar los productos y mercancías que serán aportadas por los esclavos, junto con las cartas y las marcas de sus dueños, de las que serán portadores.

Artículo 21. Permitamos a todos nuestros súbditos que habitan en nuestras islas tomar todas las cosas que encontraren a los esclavos cuando no tengan cartas de sus dueños, ni marcas conocidas, para ser devueltas sin falta a sus dueños, si las viviendas están próximas al lugar donde los esclavos hayan sido sorprendidos en delito; sino serán enviadas enseguida al hospital para quedar allí en depósito hasta que los dueños hayan sido advertidos de este hecho.

Artículo 22. Los dueños procurarán abastecer, por cada semana, a sus esclavos de edad de diez años y más, para su alimentación, de dos vasijas y media, medida de París, de harina de mandioca, o tres *cassaves*, que pesarán cada una dos libras, o cosas equivalentes, con dos libras de buey salado, o tres libras de pescado, u otras cosas a proporción.

Y a los niños, desde que son destetados hasta la edad de diez años, la mitad de los víveres más arriba mencionados.

Artículo 23. Les prohibimos dar a los esclavos del agua llamada de vida o *guildive* [aguardiente], para hacer las veces de la alimentación mencionada en el artículo precedente.

Artículo 24. Les prohibimos no hacerse cargo del alimento y la subsistencia de sus esclavos, permitiéndoles trabajar cierto día de la semana por su cuenta.

Artículo 25. Los dueños procurarán abastecer a cada esclavo, por cada año, de dos vestidos de tela o cuatro alisos (antigua medida=1 188 m) de tela a su discreción.

Artículo 26. Los esclavos que no sean alimentados, vestidos y mantenidos por los dueños según lo ordenado en estos presentes, podrán notificarlo a nuestro fiscal del Tribunal Supremo y poner su caso en sus manos, que será visto de oficio; si la afirmación le viene desde otra parte, los dueños serán perseguidos y encausados, sin costo alguno para el demandante, lo que queremos sea observado para [evitar] los crímenes y los tratamientos bárbaros e inhumanos de los dueños hacia sus esclavos.

Artículo 27. Los esclavos invalidados por vejez, enfermedad o por otro modo, o por la enfermedad, incurable o no, serán alimentados y mantenidos por su dueño.

Y en caso de que los hubieran abandonado, dichos esclavos serán adjudicados al hospital, y los dueños serán condenados a pagar seis sueldos por cada uno al día, para el alimento y el mantenimiento de cada esclavo.

Artículo 28. Declaramos que los esclavos no pueden tener nada que pertenezca a su dueño, y todo lo que obtengan por la industria o por la libertad de otras personas o de otro modo; lo que obtengan en propiedad será con consentimiento de su dueño, sin que los niños de los esclavos, su padre y la madre, sus parientes y otros esclavos puedan pretender nada por sucesión, disposición entre vivos o a causa de muerte.

Por las actuales disposiciones declaramos nulas, en conjunto, todas las promesas y las obligaciones que hayan sido hechas, al ser realizadas por gente incapaz de disponer y sin ponerse en contacto con su dueño.

Artículo 29. Deseamos, sin embargo, que los dueños valoren lo que sus esclavos hayan hecho por su orden, lo que hayan administrado y hayan negociado en las tiendas, y para el tipo particular de comercio de la cual sus dueños los hayan encargado.

Y en caso de que sus dueños no hubieran dado ninguna orden y no los hubieran encargado de cualquier tarea, valorarán solamente el provecho que pueden obtener.

Y si nada resultó en provecho de sus dueños, del peculio de dichos esclavos, que sus dueños les habrán permitido guardar, se valorará después lo que sus dueños puedan deducir de esa ganancia.

Cuando el peculio consista total o parcialmente en mercancías y los esclavos tengan permiso para negociar por su cuenta, los dueños tendrán solamente, al contribuir con el suelo, el pago en libras.

Artículo 30. No podrán los esclavos participar en oficios que tengan algunas funciones públicas, estar constituidos ni administrar algún negocio, tampoco ser árbitros, expertos o testigos tanto en materia civil como criminal, y en caso que sean oídos en testimonio, sus deposiciones servirán solo como memorias para ayudar a los jueces, que se aclararán en otro lugar, sin que se pueda tener alguna presunción, conjetura, ni elemento de prueba.

Artículo 31. Los esclavos no podrán participar en juicios ni en materia civil, ni pidiendo ser defendidos, ni siendo parte civil en materia criminal, excepto [...] que sus dueños acudan en su defensa en materia civil, y que persigan en materia criminal la reparación de los ultrajes y el exceso que habría sido cometido contra sus esclavos.

Artículo 32. Los esclavos podrán ser perseguidos criminalmente sin que sea necesario devolverlos a su dueño. Y serán dichos esclavos juzgados en primera instancia por los jueces ordinarios y por el consejo supremo con las mismas formalidades que las personas libres.

El esclavo que hubiera golpeado a su amo o a la mujer de su amo o a sus niños con contusión o derramamiento de sangre, o en la cara, será castigado con la muerte.

Artículo 34. Y en cuanto a los excesos y las vías de hecho que fueran cometidos por los esclavos contra las personas libres, deseamos que sean severamente castigados, hasta con la muerte si llegara el caso.

Artículo 35. Los robos de caballos, yeguas, mulos, bueyes y vacas que habrán sido hechos por los esclavos, o por los libertos, serán castigados con penas corporales, y hasta con muerte si el caso lo requiere.

Artículo 36. Los robos de carneros, cabras, cochinos, aves de corral, caña de azúcar, guisante, millo, mandioca u otras verduras cosechadas por los esclavos, serán castigados según la cantidad del robo por los juzgados, que podrán, si llega el caso, condenarlos a ser flajelados por el ejecutor de la alta justicia, y hasta marcados con una flor de lis.

Artículo 37. Los dueños valorarán en caso de robo o de otro daño causado por sus esclavos, la pena corporal de los esclavos y reparar la culpa en su nombre; o si prefieren entregarle el esclavo a su víctima.

Lo que valorarán en tres días, a partir del día de la condena, de otro modo caducarán.

Artículo 38. Al esclavo fugitivo que haya estado huido durante un mes, a partir del día que su dueño le haya denunciado a la justicia, se le cortarán las orejas y será marcado con una flor de lis sobre un hombro.

Y si reincide otra vez a contar del día de la denuncia, se le cortará la corva y será marcado con una flor de lis sobre el otro hombro.

Y la tercera vez será castigado con la muerte.

Artículo 39. Los libertos que les hayan dado asilo en sus casas a los esclavos fugitivos serán condenados a pagarle a sus dueños la multa de trescientas libras de azúcar por cada día de refugio.

Y toda persona libre que también le haya dado asilo, a diez libras de multa por cada día de refugio.

Artículo 40. El esclavo castigado con la muerte por la denuncia de su dueño, no cómplice del crimen por el cual haya sido condenado, será estimado antes de la ejecución por dos de los principales habitantes de la isla, que serán nombrados de oficio por el juez, y el precio de la estimación se deberá pagar al dueño.

Será impuesta por el intendente en cada cabeza de los negros, que pagarán derechos por la suma alcanzada en la estimación, la cual será reclamada por cada uno de dichos negros, y recogida por el amo en la administración real de occidente para evitar gastos.

Artículo 41. Prohibamos a los jueces, a nuestros procuradores y a los escribanos forenses poner alguna tasa en los procesos criminales contra los esclavos, bajo pena de conclusión.

Artículo 42. Los dueños podrán solamente, cuando crean que lo hayan merecido, perseguir a sus esclavos y pegarles con varas de cuerdas en el cuello.

Les prohibimos torturarlos, ni hacerles alguna mutilación de miembro, bajo pena de confiscación de los esclavos y de actuar legalmente contra los dueños.

Artículo 43. Ordenamos a nuestros oficiales perseguir a los dueños o mayorales que hayan matado a un esclavo personalmente o bajo su dirección, y de castigar el homicidio según la atrocidad de las circunstancias.

Y en caso que se efectue la absolución, permitámosle a nuestros oficiales liberar tanto a los dueños como a los mayorales absueltos, sin que necesiten conseguir de nosotros cartas de gracia.

Artículo 44. Declaramos a los esclavos seres muebles, y como tales formar parte de los bienes y por supuesto pueden repartirse entre los coherederos sin *préciput* [derecho concedido a una persona de tomar una parte determinada de todo lo que hay que compartir] y derecho de primogenitura [...].

Artículo 46. En los embargos de los esclavos serán observadas las formalidades prescritas por nuestras ordenanzas y lo acostumbrado en los embargos de muebles y objetos de la casa.

Artículo 47. No podrán ser apresados y vendidos por separado el marido de la mujer y sus niños impúberes, si están todos bajo la tutela del mismo dueño.

Declaremos nulos los embargos y las ventas separadas que hayan sido hechas; queremos solo separaciones voluntarias, y serán penados los que separen seres [...].

Artículo 48. No podrán tampoco los esclavos que trabajen actualmente en las azucareras, *indigoteries* y viviendas, de edad de 14 años y más de los 60 años, ser tomados para [pagar] deudas [...].

Prohibamos [bajo] pena de nulidad, proceder por embargo efectivo y adjudicación por decreto de las azucarerías, *indigoteries* y viviendas, sin comprender allí a los esclavos de la edad susodicha y a los que trabajan allí actualmente.

Artículo 49. Los trabajadores legales de las azucarerías, *indigoteries* o viviendas embargadas, conjuntamente con los esclavos, valorarán pagar el precio entero de su arriendo sin que puedan contar entre las ganacias que percibirán a los niños nacidos de los esclavos durante el arriendo.

Artículo 50. Queremos, a pesar de [ser] totalmente contrario a declararlas nulas, que dichos niños pertenezcan a la parte embargada, si los acreedores son satisfechos por la otra parte, o al adjudicatario, si interviene un decreto. Y con este fin mención será hecha, en el último anuncio antes de la interposición del decreto, de dichos niños, nacidos de los esclavos desde que el embargo sea efectivo.

Que en el mismo anuncio serán mencionados los esclavos fallecidos desde el embargo efectivo en el cual fueron comprendidos.

Artículo 51. Queremos, para evitar gastos y procedimientos largos, que la distribución de todo el precio de la adjudicación conjunta de los fondos y de los esclavos, y de lo que provenga del precio de los arriendos judiciales, sea hecho entre los acreedores según la orden de sus privilegios e hipotecas, sin distinguir lo que se encuentra como precio de los fondos de lo que aparece como precio de los esclavos.

Artículo 52. Sin embargo, los derechos feudales y señoriles serán pagados solo en [la] proporción del precio de los fondos.

Artículo 54. Ordenémosles a los amos nobles y burgueses y a los usufructuarios de una tierra y otros *jouissants,* al cual son entregados esclavos que trabajan, de gobernar dichos esclavos como padres de familia buenos, sin que valoren después de su administración devolver el precio de los que habrán fallecido o disminuido por enfermedades, vejez o de otro modo, y que puedan también retener como frutos para su provecho a los niños nacidos de esclavos durante su administración.

Los cuales queremos que sean conservados y devueltos a los que serán los propietarios.

Artículo 55. Los dueños de edad de veinte años podrán emancipar a sus esclavos por [legal] o a causa de muerte, sin que tengan que justificar su emancipación, ni necesiten opiniones allegadas, aunque sean menores de edad de veinticinco años.

Artículo 56. Los esclavos que hayan sido hechos legatarios universales por sus dueños, o nombrados ejecutores de sus testamentos, o tutores de sus niños [se] valorarán [como] libertos.

Artículo 57. Declaramos que los esclavos emancipados necesitan de nuestras cartas de naturalización para gozar de las ventajas de nuestros súbditos naturales en nuestro reino, tierras y países de nuestra obediencia, aunque hayan nacido en país extranjero.

Artículo 58. Ordenamos a los libertos tener un particular respeto a sus antiguos dueños, a sus viudas y a sus niños.

Las injurias que les hayan hecho será castigada más gravemente que si fuera hecha a otra persona.

Los declaramos no obstante libres y no tendrán obligaciones de ningún tipo hacia sus antiguos dueños; estos no pueden pretender derechos sobre las personas ni sobre sus bienes.

Artículo 59. Otorguémosles a los libertos los mismos derechos, los privilegios y libertades de las que gozan las personas nacidas libres. Queremos que el mérito de una libertad adquirida produzca en ellos, tanto para sus personas como para sus bienes, los mismos efectos que la felicidad de la libertad natural para nuestros otros súbditos.

Artículo 60. Declaramos que las confiscaciones y las multas, que no tienen en absoluto destino particular, nos pertenecen y serán entregados a los que se encargaron de la recolección de nuestras rentas; queremos sin embargo que la deducción sea hecha del tercio de dichas confiscaciones y multas en provecho del hospital establecido en la isla, donde habrán sido adjudicadas.

Damos la orden a nuestros súbditos y gente leal de nuestro Supremo Concejo, establecido en la Martinica, Guadalupe, Saint-Christophe, para que hagan leer, publicar y registrar su contenido y las hagan observar en su totalidad [...].

Y para que sea un código firme y estable para siempre, hicimos poner en él nuestro sello.

Dado en Versalles en marzo 1685

Firmado: Luis el decimocuarto

2. CARTA DE TOUSSAINT LOUVERTURE AL DIRECTORIO DE PARÍS, QUE INTENTA REESTABLECER EL DOMINIO SOBRE LA COLONIA Y LA ESCLAVITUD[3]

El impolítico e incendiario discurso de Vaublanc no ha afectado apenas a los negros en comparación con la seguridad que albergan respecto de los planes que están tramando los propietarios de Saint-Domingue: las declaraciones insidiosas no deberían surtir efecto alguno sobre los sabios legisladores que han decretado la libertad para las naciones. Pero los ataques a esa libertad que proponen los colonos son tanto más temibles cuanto que sus detestables planes se recubren con el velo del patriotismo. Sabemos que buscan imponer algunos de estos planes mediante promesas ilusorias y falaces, para que vuelvan a repetirse en esta colonia pasadas escenas de horror. Pérfidos emisarios se han introducido ya entre nosotros para hacer fermentar el caldo destructivo preparado por los liberticidas. Pero no lo conseguirán. Juro que la libertad mantendrá su lugar sagrado. Mi adhesión a Francia y mi conocimiento de los negros hacen que sea deber mío informarlos tanto de los crímenes que están preparando como del juramento que renovamos: enterrarnos bajo las ruinas de un país en el

---

[3]   James, C. L. R.: *Los jacobinos negros. Toussaint Louverture y la Revolución de Haití*, Turner-Fondo de Cultura Económica, México, 2001, pp. 187 a 189.

que vuelve a alentar la libertad antes que sufrir el retorno de la esclavitud.

Les corresponde, ciudadanos del Directorio, despejar de nuestros espíritus la tormenta que los enemigos eternos de nuestra libertad incuban al amparo del silencio. Les corresponde imponer un tono ilustrado a esta legislatura, impedir que los enemigos del sistema actual se propaguen sobre nuestras desventuradas costas para mancillarlas con nuevos crímenes. No permitan que nuestros hermanos, nuestros amigos, sean sacrificados a hombres que desean reinar sobre las ruinas de la especie humana. Pero no, sus conocimientos los salvarán de las peligrosas serpientes que nuestro común enemigo os reserva [...].

Adjunta a esta carta encontrarán una declaración que los pondrá al corriente de la unidad existente entre los propietarios de Saint-Domingue residentes en Francia, en los Estados Unidos, o sirviendo bajo bandera británica. Verán en ella la determinación, inequívoca y metódicamente elaborada, de restablecer la esclavitud; verán que su determinación los ha llevado a cubrirse con el manto de la libertad con el único propósito de asestarle golpes más mortales. Verán que se aprovechan del miedo que me provoca lo que pueda ocurrirles a los niños para arrastrarme hacia sus pérfidos puntos de vista. No es sorprendente que estos hombres que sacrifican su país en un padre que es mejor que ellos, puesto que yo baso incuestionablemente la felicidad de mis hijos en la de mi país, que ellos y solo ellos desean destruir.

Nunca dudaré entre mi felicidad personal y la seguridad de Saint-Domingue; pero no tengo nada que temer. A la solicitud del gobierno francés he confiado a mis hijos [...] temblaría horrorizado si fuese a manos de los colonos donde los hubiese enviado como rehenes; pero aunque así fuese, deben saber que al castigarlos por la fidelidad de su padre solo añadirían un grado más a su barbarie, sin esperanza alguna de llegar a hacerme vacilar en mi deber [...]. ¡Qué ciegos son! No pueden ver hasta qué punto su conducta odiosa puede llegar a convertirse en señal de nuevos desastres e irreparables desgracias, ni que están lejos de volver a obtener lo que a su juicio perdieron cuando se declaró la libertad para todos, ni que se exponen a su ruina total y exponen la colonia a su inevitable destrucción. ¿Creen que los hombres que han conocido la bendición de la libertad se quedarán de brazos cruzados viendo cómo se la arrebatan? Solo soportaron sus cadenas mientras no conocieron mejor condición que la de la esclavitud. Pero hoy que la han abandonado, si tuviesen mil vidas las sacrificarían todas antes que verse sometidos de nuevo a la esclavitud. Pero, no, la misma mano que ha roto nuestras cadenas no volverá a esclavizarnos. Francia no revocará nuestros principios, no nos retirará el mayor de sus beneficios. Nos protegerá contra todos nuestros enemigos; no permitirá que se pervierta su sublime moralidad, que se destruyan aquellos principios que más la honran, que se degraden sus más altos logros y que se revoque su Decreto del 16 de Pluvioso que honra a toda la humanidad. Pero si, para restablecer la esclavitud en Saint-Domingue, se pretendiese llevar esto a cabo, entonces declaro que sería aspirar a lo imposible: hemos sabido cómo enfrentarnos al peligro para obtener la libertad; sabremos afrontar la muerte para defenderla.

TOUSSAINT LOUVERTURE
5 de noviembre de 1797

3. Nota en la *London Gazette*, aparecida el 12 de diciembre de 1798, luego de que las tropas inglesas fueran expulsadas de Saint-Domingue[4]

Ningún acontecimiento en la historia de la guerra que se desarrolla actualmente ha resultado más significativo, para la causa de la humanidad o para los intereses permanentes de Gran Bretaña, que el tratado firmado por el general Maitland con el general negro Toussaint en el momento de evacuar Saint-Domingue.

En virtud de este tratado se reconoce de hecho la independencia de esta valiosa isla, preservada contra todo intento por recobrarla que puedan llevar a cabo los franceses. No solo sin costes para Inglaterra en fortificaciones o ejércitos, sino también con el beneficio de asegurar para nosotros su comercio exclusivo.

Toussaint Loverture es un negro, y en la jerga militar ha sido calificado de rebelde. Pero según todas las informaciones, es un negro nacido para reivindicar los derechos de esta raza y demostrar que el carácter de los hombres nada tiene que ver con el color de su piel. Los últimos acontecimientos en Saint-Domingue pronto concitarán la atención pública. Parece como si estuviesen calculados a gusto de todos. Constituye un triunfo haber rescatado

---

4   James, C. L. R.: ob. cit., pp. 214 y 215.

de las garras del Directorio esta isla formidable desde la que, caso de haber consolidado posiciones, podrían haber amenazado incesantemente y tal vez hasta incluso asaltado la más preciada de nuestras posesiones en las Islas Occidentales; y por otro lado es un gran avance para la causa de la humanidad que se haya constituido y organizado en las Indias Occidentales un gobierno liderado por un dirigente o un rey negro. La raza negra a la que el mundo cristiano infamemente se ha acostumbrado a degradar [...]. Todo liberal inglés debe sentirse orgulloso de que en este país haya tenido lugar esta feliz revolución [...].

4. Proclamación de la independencia de Haití[5]

Libertad o muerte
AÑO PRIMERO DE LA INDEPENDENCIA

Hoy, primero de enero de mil ochocientos cuatro, el general en jefe del ejército indígena, acompañado de los generales y jefes del ejército, convocados al efecto de tomar las medidas que deben tender a la felicidad del país.

Después de haber hecho conocer a los generales reunidos sus verdaderas intenciones de asegurar para siempre a los indígenas de Haití un gobierno estable, objeto de su más viva solicitud; lo que él ha hecho por medio de un discurso que tiende a hacer conocer a las potencias extranjeras la resolución de hacer al país independiente, y de disfrutar de una libertad consagrada por la sangre del pueblo de esta isla; y después de haber recogido los pareceres, ha pedido que cada uno de los generales reunidos pronunciara el juramento de renunciar para siempre a Francia, de morir antes que vivir bajo su dominación, y de combatir hasta el último suspiro por la independencia.

---

[5]   Fernández Retamar, Roberto: «Por el bicentenario de la independencia de Haití», en *Anales del Caribe*, Casa de las Américas, 2004.

Los generales, penetrados de estos principios sagrados, después de haber dado con una voz unánime su adhesión al proyecto bien manifiesto de la independencia, han jurado todos ante la posteridad, ante el universo entero, renunciar para siempre a Francia y morir antes que vivir bajo su dominación.

Hecho en Gonaïves, este 1ro. de enero de 1804, y el primer día de la independencia de Haití.

Firman: Dessalines, general en jefe; Christophe, Pétion, Clervaux, Geffrard, Vernet, Gabart, generales de división; P. Romain, E. Gerin, F. Capoix, Daut, Jean-Louis François, Ferou, Cange, L. Bazelais, Magloire Ambroise, J. J. Herne, Toussaint Brave, Yayou, generales de brigada; Bonnet, F. Papalier, Morelly, Chevalier, Marion, ayudantes-generales; Magny, Roux, jefes-de-brigada; Charairon, B. Loret, Quene, Markajoux, Dupuy Carbonne, Diaquoi el mayor, J. Raphaël, Malet, Derenon-Court, oficiales del ejército; y Boisrond-Tonerre, secretario.

5. Discurso pronunciado por Dessalines después de declarar la independencia[6]

Del General en jefe al pueblo de Haití

Ciudadanos:

No basta con haber expulsado de nuestro país a los bárbaros que lo han ensangrentado durante dos siglos; no basta con haber puesto freno a las facciones siempre renacientes que se burlaban, unas tras otra, del fantasma de libertad que Francia colocaba ante vuestros ojos; es necesario, por medio de un acto último de autoridad nacional, asegurar para siempre el imperio de la libertad en el país que nos vio nacer; es necesario arrancar al gobierno inhumano que mantiene desde hace tanto tiempo a nuestros espíritus en el letargo más humillante, toda esperanza de dominarnos; es necesario, en fin, vivir independientes o morir.

Independencia o muerte... Que estas palabras sagradas nos vinculen, y sean señal de combates y de nuestra reunión.

Ciudadanos, mis compatriotas, he reunido en este día solemne a estos valientes militares, que, a punto de recoger los últimos suspiros de la libertad, prodigaron su sangre para salvarla; estos generales que han guiado vuestros esfuerzos contra la tiranía, no

---

[6] Fernández Retamar, Roberto: ob. cit.

han hecho aún bastante por vuestra felicidad. El nombre francés lugubra [sic] todavía nuestra tierra.

Aquí todo trae el recuerdo de ese pueblo bárbaro: nuestras leyes, nuestras costumbres, nuestras ciudades, todo lleva aún el sello francés; ¿qué digo?, hay aún franceses en nuestra isla, y vosotros os creéis libres e independientes de esa república que ha combatido a todas las naciones, es cierto, pero que jamás ha vencido a los que han querido ser libres.

¡Y bien!, víctimas durante catorce años de nuestra credulidad y nuestra indulgencia, vencidos, no por ejércitos franceses sino por la triste elocuencia de las proclamas de sus agentes, ¿cuándo dejaremos de respirar su mismo aire? ¿Qué tenemos de común con ese pueblo verdugo? Su crueldad comparada con nuestra patente moderación; su color con el nuestro; la extensión de los mares que nos separan, nuestro clima vengador, nos dicen suficientemente que ellos no son nuestros hermanos, que no lo devendrán jamás, y que si encuentran asilo entre nosotros, seguirán siendo los maquinadores de nuestros problemas y de nuestras divisiones.

Ciudadanos indígenas, hombres, mujeres, niños, pasead la mirada sobre todas las partes de esta isla; buscad en ella vosotros a vuestras esposas, vosotras a vuestros maridos, vosotras a vuestros hermanos, vosotros a vuestras hermanas, ¿qué digo?, ¡buscad allí a vuestros niños, vuestros niños de pecho! ¿En qué se han transformado?... Me estremezco al decirlo... En presa de esos cuervos. En lugar de estas víctimas dignas de atención, vuestros ojos consternados no perciben más que a sus asesinos, más que a los tigres todavía ahítos de sangre, y vuestra culpable lentitud para vengarlos. ¿Qué esperáis para apaciguar sus manes?; pensad que habéis querido que vuestros restos reposaran junto a los de vuestros padres en el momento en que abatisteis la tiranía; ¿bajaréis a la tumba sin haberlos vengado? No, sus osamentas rechazarían las vuestras.

Y vosotros, hombres invalorables, generales intrépidos que, insensibles a las propias desgracias, habéis resucitado la libertad al prodigarle toda vuestra sangre, sabed que nada habéis hecho si no dais a las naciones un ejemplo terrible, pero justo, de la venganza que debe ejercer un pueblo orgulloso de haber recobrado su libertad, y celoso de mantenerla...

Que tiemblen al abordar los franceses nuestras costas, si no por el recuerdo de las crueldades que en ellas han ejercido, al menos por nuestra terrible resolución, que tomaremos, de condenar a muerte a quien, nacido francés, ose hollar con su planta sacrílega el territorio de la libertad.

Hemos osado ser libres, osemos serlo por nosotros mismos y para nosotros mismos; imitemos al niño que crece: su propio peso rompe los andadores que se tornan inútiles y traban su marcha. ¿Qué pueblo ha combatido por nosotros? ¿Qué pueblo quisiera recoger los frutos de nuestros trabajos? ¿Y qué absurdo deshonroso es el de vencer para ser esclavos? ¡Esclavos!... Dejemos a los franceses este epíteto calificativo: han vencido para dejar de ser libres.

Marchemos sobre otras huellas, imitemos a los pueblos que, llevando su celo hasta el porvenir, y temiendo dejar a la posteridad el ejemplo de la cobardía, han preferido ser exterminados antes que borrados del concierto de las naciones libres.

Y tú, pueblo demasiado tiempo infortunado, testigo del juramento que pronunciamos, recuerda que conté con tu constancia y tu coraje cuando me lancé a la carrera de la libertad, para combatir el despotismo y la tiranía contra los cuales tú luchaste desde hace catorce años; recuerda que todo lo sacrifiqué para correr en tu defensa: padres, hijos, fortuna, y que ahora mi única riqueza es tu libertad; mi nombre llena de horror a todos los pueblos que desean la esclavitud, y los déspotas y los tiranos no lo pronuncian sin maldecir el día que me vio nacer; y si alguna vez rehusaras o murmuraras de las leyes que el genio que vela por tus destinos me dictará para tu bienestar, merecerías la suerte de los pueblos ingratos.

Pero lejos de mí esta horrible idea; tú serás el sostén de la libertad que amas, el apoyo del jefe que te conduce.

Presta pues el juramento de vivir libre e independiente, y de preferir la muerte a todo lo que tendería a volverte al yugo. Jura en fin perseguir para siempre a los traidores y a los enemigos de la independencia.

Cronología

1492

Colón llega a Ayiti. Luego de conquistar la isla, a la que llama La Hispaniola, se dispone a colonizarla y explotar sus riquezas.

1492-1520

Los pobladores arawak son exterminados casi en su totalidad debido a las masacres, las enfermedades y el sometimiento a trabajo forzoso.

1517

Los españoles comienzan a transportar esclavos africanos a La Hispaniola, luego llamada Santo Domingo. Hacia 1540, ya había unos treinta mil esclavos trabajando en las plantaciones de caña de azúcar.

1697

España y Francia firman el Tratado de Ryswick, a través del cual los españoles ceden a los franceses el control de la parte occidental de la isla. Los franceses llaman Saint-Domingue a su colonia.

1700

Comienza a desarrollarse el sistema de plantaciones.

1704-1750

Se desarrollan estallidos espontáneos y revueltas de esclavos en las que participaron muchos grupos de cimarrones. Se incrementan el tráfico negrero y la esclavitud, base económica de la burguesía marítima francesa y los grandes plantadores de Saint-Domingue.

1751-1758

Luego de varias efímeras revueltas, se producen las primeras rebeliones organizadas de los esclavos negros. El dirigente rebelde, François Mackandal, es apresado y ejecutado.

1776

Guerra de Independencia norteamericana. Saint-Domingue envía un contingente de soldados como voluntarios. Varios oficiales mulatos participan de la guerra, adquiriendo experiencia militar y de organización. Las ideas de libertad e igualdad comienzan lentamente a difundirse por las colonias.

1789

Estalla la Revolución Francesa. En Saint-Domingue, los colonos eligen diputados que irán a la asamblea de París. Se sanciona la Declaración Universal de los Derechos del Hombre y del Ciudadano, que reivindica la igualdad y la libertad como derechos inalienables.

1790

En Saint-Domingue, los mulatos, excluidos de la participación política, se rebelan en masa contra los plantadores blancos que no reconocen sus derechos. Son reprimidos y sus líderes asesinados.

1791

Se produce la masiva rebelión de los esclavos negros. Muchos propietarios blancos son masacrados y las plantaciones incendiadas. Empieza el movimiento revolucionario por la libertad. Los ex esclavos Toussaint Louverture, Jean-Jacques Dessalines y Henri Christophe se unen al movimiento revolucionario

1792

Mientras los plantadores blancos comienzan a organizar la contrarrevolución monárquica en la colonia, la Asamblea de París sanciona el Decreto del 4 de abril que reconoce derechos políticos a los mulatos. Estos se alinean entonces con la Revolución Francesa. Toussaint comienza a organizar el ejército popular negro. Para terminar con los conflictos, las autoridades de París envían al comisario Sonthonax a la colonia, al mando de seis mil soldados.

1793

Francia entra en guerra con Inglaterra, España y Holanda. Las tropas francesas en Saint-Domingue se disponen a defender las costas de posibles ataques extranjeros, dejando el control de la rebelión negra para más adelante. Los ex esclavos reagrupan sus fuerzas y rearman sus ejércitos.

Como Francia se niega a reconocer la igualdad de los negros, Toussaint se alía con los españoles de Santo Domingo y lucha contra la república francesa.

Sonthonax decide abolir la esclavitud en Saint-Domingue para lograr el apoyo de los negros frente a los plantadores blancos contrarrevolucionarios. Los ex esclavos recuperan la ciudad de Le Cap y se produce el éxodo de diez mil grandes plantadores blancos. Al mismo tiempo, los ingleses invaden la colonia.

Los jacobinos toman la dirección de la Revolución Francesa.

1794

En febrero, la Convención jacobina sanciona la abolición de la esclavitud en las colonias. Toussaint retorna a las filas francesas. En julio, los jacobinos son derrocados por el golpe de Thermidor. Avanza la contrarrevolución en Francia. Robespierre y otros dirigentes son ejecutados. El ejército de Toussaint comienza a recuperar posiciones. Al mismo tiempo, el líder negro trata de reorganizar la actividad de la colonia, reconstruyendo la agricultura e impulsando el trabajo asalariado. Sonthonax es llamado a París por el Directorio.

1795

Toussaint avanza sobre los ejércitos españoles. Se sanciona la paz de Basilea y España le entrega Santo Domingo, la parte oriental de la isla, a Francia. La fiebre amarilla comienza a debilitar a los soldados ingleses y en el sur las tropas mulatas al mando de Rigaud también logran impedir el avance británico.

1796

En Le Cap, un grupo de mulatos se rebela contra la república francesa y buscan el apoyo de los británicos para defender sus propiedades y la esclavitud. El ejército de Toussaint avanza sobre la ciudad y contiene la rebelión. Sonthonax es nuevamente enviado como comisario, al mando de mil doscientos soldados, para pacificar la colonia. Sonthonax ataca a los mulatos en el sur, pero estos mantienen sus posiciones. El 1ro. de abril, Toussaint es nombrado Teniente Gobernador de un estado colonial dentro de la república francesa. Rigaud y Toussaint mantienen su contacto.

1797

El 2 de mayo, Toussaint Louverture, un ex esclavo, es nombrado Comandante en Jefe y Gobernador de Saint-Domingue por Sonthonax. El 3 de junio, el Directorio decide en París la destitución de Sonthonax. Toussaint envía una carta al Directorio en la cual anuncia que defenderán con su vida la libertad conseguida.

1798

El ejército popular negro expulsa a los ingleses, con quienes Toussaint firma algunos acuerdos comerciales secretos. El Directorio envía a Saint-Domingue a Hédouville, un nuevo comisionado, que al mando de un importante ejército intenta reinstaurar «el orden». Toussaint presenta su renuncia como Comandante en Jefe del Ejército. Hédouville intenta desarmar al ejército negro, pero Toussaint retoma la dirección y el comisionado huye a Francia.

1799

Napoleón Bonaparte encabeza un golpe de Estado y es nombrado Cónsul de Francia. Frente al intento de restauración de la esclavitud, los generales negros comienzan a pensar en la posibilidad de la independencia. En el sur, los mulatos se rebelan para defender los lazos coloniales que les aseguren sus propiedades. Toussaint envía sus tropas para reprimir los levantamientos.

1800

Toussaint, Dessalines, Christophe y otros jefes logran un triunfo decisivo sobre los mulatos, miles de ellos huyen a Cuba y a Francia. Dessalines le plantea a su tropa la inevitabilidad de una nueva guerra para garantizar su libertad: una guerra por la independencia. Por primera vez se presenta explícitamente la independencia como programa. El ejército negro derrota a las tropas españolas que permanecían aún en la parte oriental de la isla. Toussaint Louverture dispone la abolición de la esclavitud en Santo Domingo y nombra a su hermano Paul como comandante de la guarnición.

1801

El 9 de julio una Asamblea Constituyente aprueba la primera Constitución de la isla unificada. La esclavitud quedaba abolida definitivamente. Toussaint es nombrado brigadier y gobernador vitalicio de toda la isla. La independencia queda establecida por los hechos. Napoleón envía sus tropas para recuperar el control de la colonia y reimplantar la esclavitud.

1802

Los ejércitos franceses se enfrentan al ejército revolucionario de los esclavos, aliados con algunos mulatos. Luego de varios combates, Toussaint negocia la paz y la subordinación a Francia. El general Leclerc le tiende una trampa y Toussaint es encarcelado y deportado a Francia.

1803

Estallan rebeliones en distintos puntos de la colonia en respuesta al encarcelamiento de Toussaint. Este, recluido, muere de hambre y frío en una prisión francesa.

En Saint-Domingue, miles de soldados franceses mueren a causa de la fiebre amarilla, que afecta también el general Leclerc. Los franceses comienzan una guerra de exterminio contra los mulatos y los negros, quienes son terriblemente masacrados. Los generales Dessalines, Christophe y Pétion se ponen al frente del ejército popular y dirigen la guerra por la independencia, en la que participa el conjunto del pueblo.

Estalla nuevamente la guerra entre Francia e Inglaterra, que bloquea los puertos de Saint-Domingue. Los ejércitos franceses son derrotados y se retiran.

1804

El 1ro. de enero se proclama la Independencia de Haití. En octubre, el líder negro y ex esclavo Jean-Jacques Dessalines se proclama emperador.

1806

Estallan conflictos internos y se agudizan las presiones externas por la competencia capitalista. Dessalines es asesinado. Henri Christophe se declara rey del Reino de Haití: es nombrado Henri I.

1807

Los propietarios mulatos del sur se rebelan y, tras la secesión del territorio, proclaman un régimen republicano en el sur. El general mulato Alexandre Pétion es nombrado presidente.

Bibliografía

ARCINIEGAS, GERMÁN: *Biografía del Caribe*, Editorial Sudamericana, Buenos Aires, Argentina, 1955.

FARMER, PAUL: *Haití, para qué*, Argitaletxe IRU, Bilbao, País Vasco, 1994.

FRANCO, JOSÉ LUCIANO: *Historia de la Revolución de Haití*, Editorial Ciencias Sociales, La Habana, Cuba, 1974.

GALEANO, EDUARDO: «Los pecados de Haití», en *Brecha*, Montevideo, Uruguay, no. 556, julio de 1996.

GARCÍA, GLORIA: *La esclavitud desde la esclavitud*, Editorial Ciencias Sociales, La Habana, 2003.

JAMES, C. L. R.: *Los jacobinos negros. Toussaint Louverture y la Revolución de Haití*, Turner, Fondo de Cultura Económica, 2001.

MOYA PONS, F. y otros: *Historia del Caribe*, Editorial Crítica, Barcelona, 2001.

TROUILLOT, MICHEL ROLPH: *Haití, el Estado contra la Nación: Los orígenes y legados del duvalierismo*, Monthly Review Press, Nueva York, 1990.

WOLF, ERIC: *Europa y la gente sin historia*, Fondo de Cultura Económica, Buenos Aires, 1993.

otros títulos en la colección: historias desde abajo

LA GUERRA DE VIETNAM
Agustín Prina

Una breve narración de la epopeya de Vietnam y sus combatientes. Relata las victorias sobre Japón, Francia y los Estados Unidos; la lucha armada y política de esta pequeña nación y su indoblegable espíritu. Rescata las enseñanzas políticas de Ho Chi Minh y el general Giap, así como la repercusión de la causa vietnamita en las juventudes occidentales, el movimiento antibelicista norteamericano e internacional, y la cultura toda.

198 páginas | ISBN 978-1-921235-79-5

GUERRA Y REVOLUCIÓN EN ESPAÑA
Valeria Ianni

Un viaje al pasado español, que devuelve la vigencia de la gesta revolucionaria y la Guerra Civil vivida por su pueblo en la década de los treinta, en el umbral de la Segunda Guerra Mundial. Con un lenguaje ameno y a través de un ilustrativo recorrido histórico, la autora de este volumen rescata del olvido la lucha tenaz a favor de la causa republicana y la alianza solidaria contra el fascismo, a la que se hermanaron muchos países del orbe, poco después del ascenso de Adolfo Hitler al gobierno de Alemania.

142 páginas | ISBN 978-1-921235-80-1

EL NAZISMO
La otra cara del capitalismo
Patricia Agosto

Una breve historia del ascenso y caída del nazismo. Un exámen de las causas internas e internacionales de la consolidación del nazismo, así como una radiografía de los sectores que acumularon capital y se enriquecieron en medio de los campos de concentración y exterminio. Enfatiza también en aquellas fuerzas sociales y de resistencia que se opusieron al atroz régimen.

192 páginas | ISBN 978-1-921235-94-8

POESÍA COMO UN ARMA
25 poetas con la España revolucionaria en la Guerra Civil
Mariano Garrido

Es esta una antología de 25 poetas revolucionarios españoles y latino-americanos que lucharon por la causa republicana durante la Guerra Civil española. Poetas que pusieron su pluma al servicio de la vida: contra el fascismo, por la defensa de la causa popular, y en muchos casos, por la revolución.

218 páginas | ISBN 978-1-921235-96-2

una nueva editorial latinoamerican

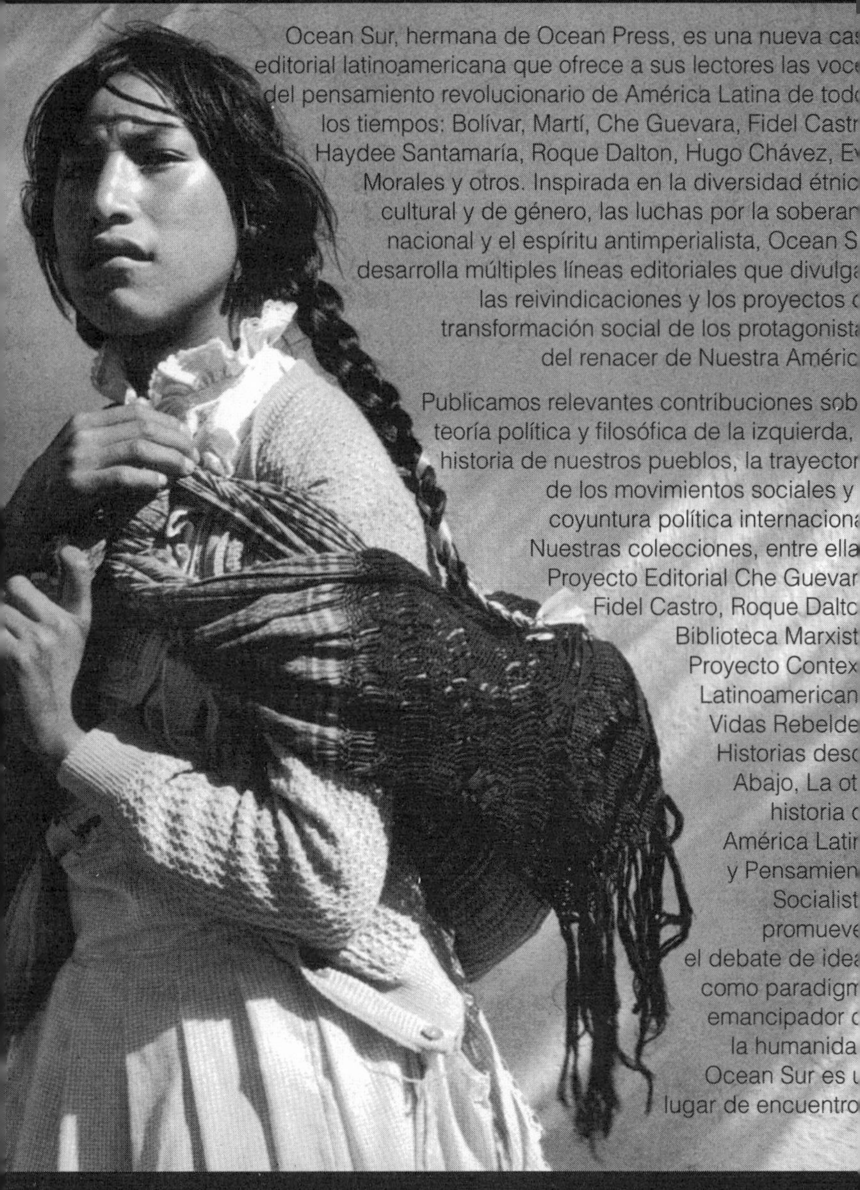
Ocean Sur, hermana de Ocean Press, es una nueva cas
editorial latinoamericana que ofrece a sus lectores las voce
del pensamiento revolucionario de América Latina de todo
los tiempos: Bolívar, Martí, Che Guevara, Fidel Castr
Haydee Santamaría, Roque Dalton, Hugo Chávez, E
Morales y otros. Inspirada en la diversidad étnic
cultural y de género, las luchas por la soberan
nacional y el espíritu antimperialista, Ocean S
desarrolla múltiples líneas editoriales que divulga
las reivindicaciones y los proyectos d
transformación social de los protagonista
del renacer de Nuestra Améric
Publicamos relevantes contribuciones sob
teoría política y filosófica de la izquierda,
historia de nuestros pueblos, la trayector
de los movimientos sociales y
coyuntura política internaciona
Nuestras colecciones, entre ella
Proyecto Editorial Che Guevar
Fidel Castro, Roque Dalto
Biblioteca Marxist
Proyecto Contex
Latinoamerican
Vidas Rebelde
Historias desc
Abajo, La ot
historia d
América Latir
y Pensamien
Socialist
promueve
el debate de idea
como paradigm
emancipador d
la humanida
Ocean Sur es u
lugar de encuentro

otros títulos de ocean sur

FIDEL CASTRO
Antología mínima
Fidel Castro

Esta antología, que incluye las reflexiones y discursos más representativos de Fidel Castro, sin dudas constituye una referencia de incalculable valor en el contexto de transformaciones políticas y sociales que vive América Latina. La voz del líder cubano ha trascendido las fronteras nacionales para encarnar las ideas más radicales de la lucha revolucionaria mundial. El volumen, acoge, pues, textos clave de Fidel desde los años cincuenta hasta la actualidad.

584 páginas + 26 páginas de fotografías | ISBN 978-1-921438-01-1

CHE GUEVARA PRESENTE
Una antología mínima
Ernesto Che Guevara

Una antología de ensayos y discursos que recorre la vida y obra de una de las más importantes personalidades contemporáneas: Ernesto Che Guevara. Reúne textos cumbres de su pensamiento y obra, y permite al lector acercarse a un Che culto e incisivo, irónico y apasionado, terrenal y teórico revolucionario.

453 páginas | ISBN 978-1-876175-93-1

ANTIIMPERIALISMO Y NOVIOLENCIA
Miguel D'Escoto

Con una visión nítida y realista sobre la condición humana en tanto proceso histórico, a través de conferencias, artículos y reflexiones, su autor, cristiano y revolucionario, hilvana un tratado de teología: teología de la noviolencia, de la insurrección evangélica, de la praxis política, del ecumenismo cristiano, de la globalización, del antiimperialismo y del latinoamericanismo.

484 páginas | ISBN 978-1-921235-81-8

INTRODUCCIÓN AL PENSAMIENTO SOCIALISTA
El socialismo como ética revolucionaria y teoría de la rebelión
Néstor Kohan

El actual movimiento de resistencia global pone de manifiesto la necesidad de comprender y debatir la teoría socialista. Este libro ofrece una síntesis de la historia del pensamiento socialista mundial, desde una perspectiva latinoamericana. Incluye textos clave de la obra de Carlos Marx, Che Guevara, Fidel Castro, Rosa Luxemburgo, José Carlos Mariátegui, Julio Antonio Mella, Flora Tristán, entre otros.

263 páginas | ISBN 978-1-921235-52-8